KB162551

웹 동영상으로 일본어 듣고 독해하기

웹 동영상으로 일본어 듣고 독해하기

천호재

역락

서 언————————————————————————

  본서는 일본어 독해 교재입니다. 하지만 본서는 여러 면에서 기존의 일본어 독해 교재와는 다른 측면이 있습니다. 우선 기존의 일본어 독해 교재에서는 이를 테면 일본어로 작성된 글을 독자들이 읽고 한국어로 번역하는 문법역독식에 대부분 주안점을 두고 있다면, 본서는 필자가 제시한 여러 단계를 통해 독자들이 자신들의 독해 능력을 심화시켜 나갈 수 있도록 했다는 점에서 차이가 있습니다. 둘째 본서는 기존의 일본어 독해 교재와는 달리 독자들의 듣기, 말하기, 쓰기 등의 일본어 기능 능력의 강화, 일본문화의 이해, 인터넷 검색 능력 강화, 자기주도 학습 능력의 강화까지도 염두에 두고 있습니다. 마지막으로 본서가 기존의 일본어 독해 교재와 다른 가장 큰 차이점은 본서의 본문을 독자들이 시공을 초월한 형태로, 즉 독자 자신이 원하는 장소에서, 원하는 시간에 언제든지 청취할 수 있도록 했다는 점입니다. 기존의 방식으로 일본어를 청취할 경우, 테이프나 음성파일, CD 등을 이용할 수밖에 없겠지만, 본서에서는 유튜브와 같은 웹 동영상을 통해서 본문을 청취할 수 있도록 했습니다. 유튜브에 검색되지 않는 작품은 아래의 사이트(きくドラ ラジオドラマで聴く、名作文学/kikudorabungak.main.jp)에서 다운로드를 받으십시오

  해당 작품명을 유튜브 검색란에 입력하면 본서의 본문을 언제든지, 어느 곳에서도 자신의 핸드폰으로 청취할 수 있습니다. 본서의 본문은 기쿠도라(きくドラ, 聞くドラマ 약자임)가 유튜브 등으로 발신하는 일본문학 작품을 필자가 녹취한 것입니다. 이것이 가능했던 이유는 기쿠도라(きくドラ)의 대표자이시고 운영자이신 '긴파라 다카후미(金原隆史)' 씨가 직접 승인을 해 주었기 때문입니다. 지

면을 빌어 '긴파라 다카후미(金原隆史)' 씨에게 심심한 감사의 뜻을 전하는 바입니다.

본서의 구성은 다음과 같습니다.

↘ 본문의 이해를 위해 대강의 줄거리를 파악합시다.
↘ 모르는 단어를 체크하면서 본문을 들어봅시다.
↘ 본문을 읽고 번역을 하세요.
   1) 단어의 의미를 익힙시다.
   2) 연어의 의미를 익힙시다.
   3) 문법을 이해합시다.
   4) 아래의 질문에 일본어로 대답합시다.
   5) 이하의 단어를 인터넷에서 검색합시다.
↘ 본문 내용에 맞는 문장에는 ○를 표시하고, 맞지 않는 문장에는 ×를 표시하세요.

먼저, **본문의 이해를 위해 대강의 줄거리를 파악합시다** 코너는 각과의 일본어 원문을 독해하기 위한 워밍업, 즉 마음의 부담을 덜기 위해 마련한 것입니다. 느닷없이 갑자기 원문 독해로 들어가면 독자들의 심적 부담이 초래될 수 있으므로 독해해야 할 본문 내용을 미리 우리말로 파악함으로써 독자들이 최대한 마음의 여유를 가지도록 했습니다.

둘째, **모르는 단어를 체크하면서 본문을 들어봅시다** 코너에서는 독자들이 각과의 본문을 이해하도록 하기 위해 모르는 단어를 체크하도록 했습니다. 이때, 독자들은 본문의 내용을 완벽하게 이해하고자 애쓰지 말고, 최대한 편안한 마음으로 본문을 들으면서 모르는 단어(혹은 아는 단어)를 체크하면 됩니다.

셋째, **본문을 읽고 번역을 하세요** 코너에서는 본문의 이해에 독자 분들이 최대한 마음의 준비를 가질 수 있도록 하기 위해 다음과 같은 1)-3)까지의 과정을 설정했습니다.

1) 단어의 의미를 익힙시다 ➡ 2) 연어의 의미를 익힙시다 ➡ 3) 문법을 이해합시다

먼저 한국어 의미를 보면서 단어와 연어를 소리내어 읽습니다. 그다음으로 문법 사항을 익힙니다. 이렇게 1)-3)까지의 과정이 끝나면 독자 분들은 드디어 본문에 제시된 포즈 표시(/)에 유의하면서 정성껏 본문을 읽고 번역을 합니다. 본문 읽기와 번역이 끝나면 그다음 단계, 즉 4) 아래의 질문에 일본어로 대답합시다에서 본문 내용에 관련된 질문을 독자 분들이 직접 읽고 대답을 하시면 됩니다 (혹은 쓰시면 됩니다). 이 단계를 수업에서(혹은 혼자서) 구두로 질문을 하고 대답을 하는 방식으로 활용하면 그것은 말하기 능력 향상으로 이어질 것입니다. 일본어 질문에 간단하게 대답하는 단계부터 시작하여 점점 강도를 높여 복잡하게 대답하는 단계로 들어가면 말하기 능력에 큰 향상이 이루어질 것입니다. 또한 일본어 질문에 서면으로 대답하는 방식으로 수업이 진행되거나 독학이 이루어지면 그것은 쓰기 능력의 향상으로 이어질 것입니다. 말하기처럼 쓰기도 간단하게 쓰기부터 시작하여 자신의 의견을 일본어로 길게 구체적으로 쓰는 방식으로 학습해 나아가다 보면 어느 새에 쓰기 능력이 크게 발전한 자신의 모습을 발견하게 될 것입니다. 저의 수업을 듣는 학생들 중에는 일본어 질문에 단어만 적는 학생, 한 줄 문장으로 적는 학생이 대부분이지만, 간혹 몇몇 학생들 중에는 A4용지로 1-4매까지 일본어로 적는 학생들도 있습니다. 이 단계에서 교수자(혹은 독자 분들의 동료)는 독자들이 구사하는 일본어 말꼬리를 집요하게 묻고 늘어지면서 일본어로 묻고 독자들이 대답을 해나가도록 한다면 쓰기와 마찬가지로 말하기 능력에 큰 향상을 가져올 것입니다. 이러한 행위는 혼자서도 가능합니다. 문법적으로 오류가 있어도 상관이 없습니다. 계속해서 말하십시오. 1)-4)의 과정이 모두 종료하면 5) 이하의 단어를 인터넷에서 검색합시다 의 과정으로 들어갑니다. 본문에 나오는 특정한 단어를 인터넷으로 검색하여 그 실체를 동영상이나

사진 등으로 확인합니다. 이러한 과정을 거치면 독자 분들은 본문의 내용을 상당히 다각적인 방식으로 이해하게 될 것입니다. 마지막으로 **본문 내용에 맞는 문장에는 O를 표시하고, 맞지 않는 문장에는 X를 표시하세요** 코너는 학습자들이 본문의 내용을 단순히 이해했는지 여부를 파악하기 위하여 마련된 것이 아닙니다. 이 코너는 독자 분들이 예를 들어 1과의 본문을 수차례 반복해서 청취하도록 함으로써 독자 분들이 저절로 그 답을 알 수 있도록 하기 위해 만들어졌습니다. 매일 각과 본문을 청취하십시오. 귀중한 시간을 일부러 내지 말고, 대중교통을 이용하면서 청취하시길 권장합니다.

청취한 본문을 수업이나 독학을 통해서 읽고 번역하고 쓰고 인터넷으로 검색하십시오. 그리고 그 본문을 또 청취하십시오. 마지막 청취 시에는 쉐도우리딩(shadow reading)을 하시길 권장합니다. 2과로 들어가면 다시 1과와 2과 본문을 또 매일 청취합니다. 1과에서 14과로 학습이 진행됨에 따라 청취하는 횟수를 늘려 약 3개월 정도가 경과하면 처음 듣는 일본 방송, 드라마 대사, 영화 대사, 일본어능력시험 청취 문제가 우리말처럼 들릴 것입니다. 들리면 회화도 쓰기도 읽기도 능숙해질 것입니다. 그리고 행복해질 것입니다. 그 행복은 그 누구도 뺏을 수 없는 지고지순한 기쁨으로 여러분 곁에 영원히 머무를 것입니다.

이러한 본서의 가치가 세상에 드러날 수 있었던 것은 전적으로 도서출판 역락의 이대현 사장님과 박태훈 이사님의 필자에 대한 전적인 신뢰가 있었기 때문입니다. 그리고 원고의 정리에서 편집에 이르기까지 큰 수고를 아끼지 않으신 홍혜정 과장님, 책표지 디자인 작업을 정성껏 해 주신 홍성권 대리님, 마지막으로 제가 녹취한 본문을 검토해 주신 경북대학교 야하라 마사히로(矢原正博) 교수님께 진심으로 감사를 드립니다.

2018년 2월

천호재

서언_5

Unit 1 ● 春 竹久夢二 作・きくドラ 脚色 ································· 11

Unit 2 ● 浦島太郎 昔話・きくドラ 脚色 ······················· 25

Unit 3 ● 笠地蔵 昔話・きくドラ 脚色 ·························· 45

Unit 4 ● 三匹の小熊さん 村山籌子 作・きくドラ 脚色 ········ 71

Unit 5 ● 一本のわら 楠山正雄 作・きくドラ 脚色 ············· 93

Unit 6 ● 天狗に気に入られた男 昔話・きくドラ 脚色 ······ 125

Unit 7 ● 文福茶釜 楠山正雄 作・きくドラ 脚色 ··············· 141

Unit 8 ● 豆粒ころころ 昔話・きくドラ 脚色 ················· 165

Unit 9 ● 三枚のお札 昔話・きくドラ 脚色 ··················· 183

Unit 10 ● 竹取物語 昔話・きくドラ 脚色 ····················· 201

Unit 11 ● かぶと虫 槇本楠郎 作・きくドラ 脚色 ············· 221

Unit 12 ● 野ばら 小川未明 作・きくドラ 脚色 ················· 247

Unit 13 ● 雪女 小泉八雲 作・きくドラ 脚色 ················· 267

Unit 14 ● 少年と秋の日 小川未明 作・きくドラ 脚色 ··········· 285

Unit 1

春

(1926年)

竹久夢二(1884~1934) 作

きくドラ 脚色

순수한 영혼을 지닌 소년 소녀가 노래를 부르며 산길을 걸어간다. 그런데 이들은 맞은 편 산에서 자신들의 노래를 따라 부르는 소리가 들려와 화들짝 놀란다. 남의 노래를 흉내 내지 말라고 따져도 계속 따라부르는 심술궂은 소리. 세상일이 모두 낯설고 경이로 가득찬 소년 소녀의 심경이 잘 그려진 작품이다.

第一景

「桜、桜。やよいの空は、見渡す限り、かすみか雲か」「桜、桜。やよいの空は、見渡す限り、かすみか雲か」「おや、兄さん。誰か山の向こうでも歌っていてよ」「嘘だよ。きっと空耳だろう?」「いいえ、兄さん。よく聞いてごらんなさい」「においぞ、いずる。いざや、いざや、見にゆかん」「本当だ。誰だろう」「ねえ、兄さん。もっと何か言ってごらんなさい」「桜、桜。やよいの空は」「誰だ」「誰だ」「真似をするのは誰だい」「真似をするのは誰だい」「兄さん。私怖くなったわ」「怖くはないよ。誰かきっといたずらをしているんだ。人の真似をするのは失敬だぞ」「人の真似をするのは失敬だぞ」「大丈夫、兄さん」「大丈夫だよ。馬鹿野郎!」

「馬鹿野郎!」「兄さん、向こうの人きっと怒ったのよ」「そうかな」

　「あら、先生よ」「アッ!吉野先生、こんちは」「こんにちは」「先生、先生はさっき山の方で唱歌をお歌いになりましたか」「いや、歌いませんよ」「でも先生。ぼくたちが唱歌を歌っていたら、向こうの山でも唱歌を歌いましたよ」「なるほど」「それからね先生。あんまり真似をするから、お兄さんが誰だっておっしゃると、向こうでも誰だって言いましてよ」「なるほどね」「あれは山のばばあが歌ったんですか」

　「アッハハハ、それはね。山のおばあさんでも、神様でもない。やまびこというものだよ」「やまびこがものを言うんですか」「そう、こちらの声が向こうの山へ響くと、向こうの山がそれを返してくるんだよ。だからこちらの言う通りに向こうでも答えるんだね」「だから、ぼくが馬鹿野郎っていったら、向こうでも馬鹿野郎って言いましたよ」「そうでしょう。だからこちらで何かやさしいことを言ってやれば、向こうでもやさしいことを返してくるんですよ」「面白いなあ」

　「兄さん、何かやさしいことを言ってごらんなさい」「こんちは。ご機嫌はいかがですか」「こんちは。ご機嫌はいかがですか」「せーの。あなたはいい方ですね」「あなたはいい方ですね」「どうだね、やまびこは正直だろう。どれ、私は行こう。仲良く遊んでおいで」「先生、さようなら」「さようなら」

＜終り＞

第一景

「桜、/桜。やよいの空は、/見渡す限り、/かすみか/雲か」「桜、/桜。やよいの空は、/見渡す限り、/かすみか/雲か」「おや、/兄さん。誰か山の向こうでも歌っていてよ」「嘘だよ。きっと空耳だろう?」「いいえ、/兄さん。よく聞いてごらんなさい」「においぞ、/いずる。いざや、/いざや、/見にゆかん」「本当だ。誰だろう」「ねえ、/兄さん。もっと何か言ってごらんなさい」「桜、/桜。やよいの空は」「誰だ」「誰だ」「真似をするのは誰だい」「真似をするのは誰だい」「兄さん。私怖くなったわ」「怖くはないよ。誰かきっといたずらをしているんだ。人の真似をするのは失敬だぞ」「人の真似をするのは失敬だぞ」「大丈夫、/兄さん」「大丈夫だよ。馬鹿野郎!」「馬鹿野郎!」「兄さん、/向こうの人/きっと怒ったのよ」「そうかな」

1) 단어의 의미를 익힙시다.

桜벚꽃/やよい 음력 3월의 다른 이름/見渡す 멀리)바라보다, 사방으로 둘러보다/かす
み 봄안개/向こう 맞은편/嘘 거짓말/空耳 잘못 들음/誰 누구/真似 흉내/怖い 무섭다/失敬
실례, 무례/大丈夫だ 괜찮다/馬鹿野郎 바보자식/怒る 화를 내다

2) 연어의 의미를 익힙시다.

真似をする 흉내를 내다/いたずらをする 장난을 치다

3) 문법을 이해합시다.

① 見渡す限り→見渡す＋限り(～하는 한)

설명 | 동사의 기본형에 접속되는 限り는 '범위, 동안'을 의미함.

번역 | 둘러보는(바라보는) 동안, 끝까지) 둘러보다, 바라보다

예 見る、食べる、する、書く

② 怖くなったわ → 怖い＋く＋なる＋た＋わ(종조사)

설명 | 형용사 어간＋くなる는 상태 변화의 의미를 나타냄.

　　　'～해지다, ～어지다'

번역 | 무서워졌어요

예 寒い、暖かい、小さい、すずしい

③ いたずらをしているんだ → いたずらをする＋て＋いる＋ん＋だ

설명 | ん은 강조를 나타낸다. いたずらをしている가 장난을 친다는 사실을

　　　객관적으로 있는 그대로 묘사하는 표현이라면 いたずらをしているん

だ는 장난을 친다는 사실에 화자(표현자)의 주관(화가 남, 못마땅함 등등)이 들어간 표현이라고 할 수 있다.

번역 | 장난을 치고 있는 거야

④ きっと怒ったのよ →きっと怒る＋た＋の＋よ

설명 | の도 ん과 같은 강조의 의미를 나타냄. 차이를 말하자면 ん이 좀 더 회화체적이다. のよ는 여성들이 사용하는 표현이다.

번역 | 분명 화가 난 거야/화가 났을 거에요

예 食べる、書く、飲む、会う

4) 아래의 일본어 질문에 일본어로 대답합시다.

① 兄と妹は山を歩きながら何をしましたか。

....

② 妹はどうして怖くなりましたか。

....

③ 兄と妹は人のまねをするのは、誰だと思っていますか。

....

④ 妹はどうして向こうの人が、怒っていると思いましたか。

....

5) 이하의 단어를 인터넷에서 검색합시다.

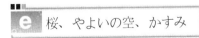
桜、やよいの空、かすみ

「あら、/先生よ」「アッ！吉野先生、/こんちは」「こんにちは」「先生、/先生はさっき/山の方で唱歌を/お歌いになりましたか」「いや、/歌いませんよ」「でも先生。ぼくたちが唱歌を歌っていたら、/向こうの山でも唱歌を歌いましたよ」「なるほど」「それからね先生。あんまり真似をするから、/お兄さんが誰だっておっしゃると、/向こうでも/誰だって言いましてよ」「なるほどね」「あれは/山のばばあが歌ったんですか」

「アッハハハ、/それはね。山のおばあさんでも、/神様でもない。やまびこ/というものだよ」「やまびこがものを言うんですか」「そう、/こちらの声が向こうの山へ響くと、/向こうの山がそれを返してくるんだよ。だから/こちらの言う通りに/向こうでも答えるんだね」「だから、/ぼくが馬鹿野郎っていったら、/向こうでも馬鹿野郎って言いましたよ」「そうでしょう。だから/こちらで何かやさしいことを言ってやれば、/向こうでも/やさしいことを返してくるんですよ」「面白いなあ」

「兄さん、/何かやさしいことを言ってごらんなさい」「こんちは。ご機嫌はいかがですか」「こんちは。ご機嫌はいかがですか」「せーの。あなたはいい方ですね」「あなたはいい方ですね」「どうだね、/やまびこは正直だろう。どれ、/私は行こう。仲良く遊んでおいで」「先生、/さようなら」「さようなら」

1) 단어의 의미를 익힙시다.

唱歌(しょうか) 창가/おっしゃる 言う의 높임말/神様(かみさま) 하느님/やまびこ 메아리/ぼく 남자가 자신을 지칭함)나/響(ひび)く 울리다/返(かえ)す 되돌려주다/機嫌(きげん) 기분, 심사/正直(しょうじき) 정직/仲良(なかよ)い 사이가 좋다

2) 연어의 의미를 익힙시다.

唱歌を歌う 창가를 부르다/やさしいことを言う 상냥한 말을 하다/仲良く 사이좋게

3) 문법을 이해합시다.

① お歌いになりましたか → お+歌う의 ます형＋になる＋ましたか

설명ㅣお+동사의 ます형＋になる는 존경 표현

번역ㅣ노래를 부르셨습니까?

예 書く、待つ、会う、乗る、聞く

② あんまり真似をするから → あんまり＋真似をする＋から(원인, 이유)

설명ㅣあんまり는 あまり의 강조체이다. あまり 뒤에 긍정형이 오면 あまり는 '너무'라는 의미를 지니게 된다. 반대로 부정형이 오면 '그다지, 별로'의 의미를 지닌다.

번역ㅣ너무 흉내를 내니까, 너무 흉내를 내서

예 書く、待つ、会う、乗る、聞く

③ 山のおばあさんでも、神様でもない → 山のおばあさんでも＋神様でも＋ない

설명ㅣ명사でも＋명사でもない는 '～도, ～도 아니다' 즉 이중 부정임

번역ㅣ산 할머니도 하느님도 아니다.

예 学生、会社員、先生、教会、寺

④ 言ってやれば → 言う＋て＋やる(あげる/さしあげる)＋ば(가정, ～면)

설명 | て＋やる는 수수표현이다. 내가 타인에게 어떤 동작을 해주는 것을
의미한다. 타인을 높이 대우할수록 あげる나 さしあげる가 선택되기
도 한다. やる는 타인을 대우하지 않는 표현이다. 따라서 타인을 대
우할 필요가 없는, 즉 친한 사이에서 사용되며, 동물에게도 사용할
수 있다. 한편, 여성들 중에는 やる가 주는 마이너스적인 어감 때문
에 대우할 필요가 없는 동물에게 あげる를 쓰는 경우가 있다.

번역 | 말해 주면

예 書く、待つ、会う、乗る、聞く

⑤ 仲良く遊んでおいで → 仲良く遊ぶ＋で＋おいで

설명 | 보조동사로 사용된 おいで는 いて보다 친밀한 어감이 강함. 주로 상
대방이 아이인 경우에 사용된다.

번역 | 사이좋게 놀고 있으렴.

예 飲む、聞く、勉強する、書く

4) 아래의 일본어 질문에 일본어로 대답합시다.

① 先生の名前は何ですか。

....

② 先生は男の人ですか、女の人ですか。

....

③ 先生は山の方で、唱歌を歌いましたか。

....

④ 兄弟の唱歌のまねをしたのは何でしたか。

....

⑤ 兄が馬鹿野郎と言ったら、向こうでは何と言いましたか。

....

⑥ こちらでやさしいことを言ってやれば、向こうはどんな言葉を返してく

るんですか。

....

⑦ 兄は向こうに、どんなやさしい言葉を言ってやりましたか。

....

⑧ この話を聞いて、何を感じましたか。

....

5) 이하의 단어를 인터넷에서 검색합시다.

 唱歌、山のばばあ、やまびこ

↘ 본문 내용에 맞는 문장엔 ○를, 맞지 않는 문장에는 ×를 표시하세요.

① 先生、ぼくたちが唱歌を歌っていたら、向こうの山でも唱歌を歌いまし
   たよ。　　　　　　　　　　　　　　　　　　　　　　（　　　）

② そう、こちらの声が向こうの山へ響くと、向こうの山がそれを返してく
   るんだよ。　　　　　　　　　　　　　　　　　　　　（　　　）

③ だから、ぼくが馬鹿野郎っていったら、向こうでも馬鹿野郎って言いま
   したよ。　　　　　　　　　　　　　　　　　　　　　（　　　）

Unit 2
浦島太郎

昔話・きくドラ 脚色

해안가를 걷다가 아이들에게 붙잡혀 곤혹을 치르는 거북이를 보고 불쌍히
여긴 마음씨 착한 청년이 그 거북이를 구해준다. 얼마 후 물고기를 잡는데 일
전에 구해준 거북이가 나타나 답례로 용궁으로 초대하겠다는 것이 아닌가?
거북이를 따라 용궁에 도착한 청년은 그곳에서 환대를 받으며 꿈같은 3년을
보냈다. 뭍의 생활이 그리워진 청년은 용궁을 떠나 옛 고향땅으로 다시 돌아
왔는데, 그곳에는 상상도 못할 일이 그를 기다리고 있었다.

 모르는 단어를 체크하면서 본문을 들어봅시다.

　昔々ある村に、心の優しい浦島太郎という若者がいました。浦島が海辺を通
りかかると、子供たちがみんなで大きなかめを苛めています。「おやおや、
可哀想に、逃がしておやりよ」「いやだよ。おらたちがやっと捕まえたんだ
もの。どうしようと勝手だろう?」「それじゃ、このお金をあげるからおじさ
んにかめを売っておくれ」「あ、それならいいよ」「大丈夫かい?もうつか
まるんじゃないよ」「浦島さん。ありがとうございます」

　浦島はかめをそっと海の中へ逃がしてやりました。さて、それから二三日
経ったある日、浦島が海に出かけて魚を釣っていると、どこからか声が聞こえ
てきました。「浦島さん。浦島さん」「ウン?」声の聞こえたほうを見ると

海の上にひょっこりとかめが頭を出していました。「この間は助けていただいてありがとうございました。突然ですが、浦島さんは竜宮を知っていますか」「竜宮? 竜宮ってどこにあるんだい?」「海の底です」「えっ? 海の底へなんか行けるのかい?」「はい、私がお連れしましょう。さあ、背中へ乗ってください」

　かめはそう言うと、浦島を背中に乗せて、海の中をずんずんと潜って行きました。しばらくすると、立派な御殿へ着きました。「着きましたよ。この御殿が竜宮です。さあ、こちらへ」かめに案内されるまま進んでいくと、美しい女性が色とりどりの魚たちと一緒に、浦島を出迎えてくれました。「ようこそ、浦島さん。私はこの竜宮の主人の乙姫です。この間は、かめを助けてくださってありがとうございます。お礼に竜宮へご招待させていただきました。どうぞ、ゆっくりしていてくださいね」

　浦島が竜宮の広間へ案内されると、魚たちが次から次へと、すばらしいごちそうを運んできます。ふんわりと気持ちの良い音楽が流れて、鯛や平目やクラゲたちのそれは見事な踊りが続きました。ここはまるで天国のようです。そして、あっという間に時は流れ、「もう一日いてください」「もう一日いてください」「あ、はあ」浦島が乙姫さまに言われるまま竜宮で過ごすうちに、3年が経ってしまいました。「そう言えば、家族や友達はいまごろどうしているだろう。乙姫様、いままでありがとうございます。名残惜しいのですが、そろそろ家へ帰らせていただきます」「帰られるのですか。よろしければ、このままここで暮らしては…」「いいえ、私の帰りを待つものもおりま

すので」「そうですか。それは残念です。では、お土産に玉手箱を差し上げましょう」

　「玉手箱?」「はい、この中には浦島さんが竜宮で過ごされた時が入っております。これを開けずにもっている限り、浦島さんは若いまま、年を取りません。ですが、一度開けてしまうと今までの時が戻ってしまいますので決して開けてはなりませんよ」「はい、わかりました。ありがとうございます」

　乙姫様と別れた浦島は、かめに送られて地上へ帰りました。地上に戻った浦島は、周りを見回してびっくりしました。浦島の家はどこにも見当たりませんし、出会う人も知らない人ばかりです。「一体、これは? あの、すみません。浦島の家を知りませんか?」浦島は一人の老人に尋ねました。「浦島? ああ、たしかその人なら、七百年ほど前に海へ出たきりで帰らないそうですよ」「えっ? 竜宮での三年は七百年だというのか。この玉手箱、これを開けると自分が暮らしていた時に戻るのでは…」

　浦島は乙姫様に開けてはいけないと言われていた玉手箱を開けてしまいました。すると、中から真っ白の煙が出てきました。「ウワッ!」煙の中には楽しかった竜宮での三年が次から次へと映し出されます。「あ、私は竜宮へ戻ってきたんだ」しかし、玉手箱から出てきた煙は次第に薄れていき、その場に残ったのは髪の毛もひげも真っ白のヨボヨボのおじいさんになった浦島太郎でした。

＜終り＞

◢ 2.1 본문을 읽고 번역하세요. (~ 03:14)

　昔々/ある村に、/心の優しい/浦島太郎という若者がいました。浦島が海辺を通りかかると、/子供たちがみんなで/大きなかめを苛めています。「おやおや/可哀想に、/逃がしておやりよ」「いやだよ。おらたちがやっと捕まえたんだもの。どうしようと/勝手だろう?」「それじゃ、/このお金をあげるから/おじさんにかめを売っておくれ」「あ、/それならいいよ」「大丈夫かい?もう/つかまるんじゃないよ」「浦島さん。ありがとうございます」

　浦島は/かめをそっと/海の中へ逃がしてやりました。さて、/それから二三日経ったある日、/浦島が海に出かけて魚を釣っていると、/どこからか/声が聞こえてきました。「浦島さん。浦島さん」「ウン?」声の聞こえたほうを見ると/海の上に/ひょっこりとかめが/頭を出していました。「この間は助けていただいて/ありがとうございました。突然ですが、/浦島さんは竜宮を知っていますか」「竜宮? 竜宮って/どこにあるんだい?」「海の底です」「えっ?海の底へなんか/行けるのかい?」「はい、/私がお連れしましょう。さあ、/背中へ乗ってください」

　かめはそう言うと、/浦島を背中に乗せて、/海の中を/ずんずんと潜って行きました。しばらくすると、/立派な御殿へ着きました。「着きましたよ。この御殿が竜宮です。さあ、/こちらへ」かめに案内されるまま進んでいくと、/美しい女性が/色とりどりの魚たちと一緒に、/浦島を出迎えてくれました。「ようこそ、/浦島さん。私は/この竜宮の主人の/乙姫です。この間は、/かめを助けてくださって/ありがとうございます。お礼に/竜宮へご招待させていた

だきました。どうぞ、/ゆっくりしていてくださいね」

1) 단어의 의미를 익힙시다.

昔々 옛날옛날에/村 마을/心 마음/優しい 상냥하다, 마음씨 좋다/浦島太郎 우라시마 타로/若者 젊은이/海辺 바닷가/通りかかる 지나가다/苛める 괴롭히다/可哀想だ 불쌍하다/逃がす 놓아주다/捕まえる 붙잡다/つかまる 붙잡히다/そっと 살짝/経つ 경과하다, 지나다/ひょっこり 불쑥/助ける 돕다, 구제하다/突然 갑자기/竜宮 용궁/海の底 바다 밑/背中 등/乗せる 태우다/潜る 잠수하다/立派だ 훌륭하다/御殿 궁전, 대궐/着く 도착하다/進む 나아가다/女性 여성/主人 주인/乙姫 용녀(龍女)/この間 요전에, 일전에/お礼に 답례로/招待 초대

2) 연어의 의미를 익힙시다.

かめを苛める 거북이를 괴롭히다/お金をあげる 돈을 주다/かめを逃がしてやる 거북이를 놓아주다/二三日経つ 이삼 일 지나다/海に出かける 바다로 나가다/魚を釣る 물고기를 낚다/声が聞こえる 소리가 들려오다/ひょっこりと頭を出す 불쑥 머리를 내밀다/浦島を出迎える 우라시마를 나가서 맞이하다/かめを助ける 거북이를 구조하다(살리다)

3) 문법을 이해합시다.

① ある村に → ある＋村に

설명 | ある는 연체사(체언, 즉 명사에 연결되는 말)이며 '어느'라는 의미를 지닌다. 村와 같은 장소명사들이 뒤에 연결된다.

번역 | 어느 마을에

[예] ところ、学校、教会、お寺、食堂、大学

② 海辺を通りかかると → 海辺を通りかかる＋と(선행 사건을 표시)

설명 | 동사의 기본형에 연결되는 と는 '～하자, ～하니'의 의미임.

번역 | 해변을 지나가니, 해변을 지나가자

[예] 食べる、送る、乗る、飲む

③ 捕まえたんだもの → 捕まえる＋た＋ん＋だ＋もの

설명 | もの는 무엇인가를 호소하거나 응석부리는 기분을 나타낼 때 사용된
다. もの가 もん으로 변화하기도 한다.

번역 | 잡은 걸요

[예] 来る、食べる、飲む、話す、待つ

④ どうしようと勝手だろう→どう＋する의 의지형＋と(연결형)＋勝手だ
ろう

설명 | 간섭(상관)하지 말라는 의미로 사용된다.

번역 | 어떻게 하든 내 맘이지.

[예] 食べる、着る、生きる、書く、歌う

⑤ お連れしましょう→お＋連れる＋する＋ましょう

설명 | お(존경 및 겸양의 접두어, 한자어에는 ご가 접두어)＋동사의 ます형
＋する＋ましょう는 겸양 표현의 공식이다. 겸양 표현은 존경 표현
과 달리, 자신을 낮춤으로써 결과적으로 상대방을 대우하는 표현이
다. ましょう는 '권유'나 '의지'의 의미로 사용되는데, 여기에서는 화
자의 '의지'를 나타내기 위해 사용되었다.

번역 | お連れしましょう를 직역하면 '데려가겠사옵니다'이지만, 이런 표현은 한국어에는 사용되지 않으므로 '모시고 가겠습니다'가 적절하다.

예 案内する、聞く、会う

⑥ 案内されるまま → 案内する의 수동형＋まま

설명 | 현재형에 결합되는 まま는 '일임, 방조, 무방비'의 의미를 지닌다.

번역 | 안내받는 대로, 안내받는 채로

예 書く、見る、乗せる

⑦ 竜宮へご招待させていただきました → ご＋招待＋させる＋て＋いただく＋ます＋た

설명 | ご＋招待＋する의 사역형 させる는 겸양 표현의 구조이다. 초대한 것은 분명히 용녀이지만 이 표현은 타인의 양해를 구하고 나서 자신의 의지를 감히 행사했다는 의미를 지니는데 일본어 특유의 정중함이 들어간 표현이라고 할 수 있다. 竜宮へご招待しました라고 표현을 해도 되는데, 이 표현을 사용하면 타인보다 자신의 의지를 우선시하여 초대했다는 의미가 된다.

번역 | 직역하면 "용궁으로 초대를 하였사옵니다.", 의역하면 "삼가 용궁으로 초대하게 되었습니다."가 된다.

예 休診する、休む

4) 아래의 일본어 질문에 일본어로 대답합시다.

① 若者の名前は何ですか。

....

② その若者は男の人ですか、女の人ですか。

....

③ 海辺で子供たちは、何をしていましたか。

....

④ 主人公は子供たちに、何をしましたか。

....

⑤ 主人公が魚を釣っていると、何が現れましたか。

....

⑥ 主人公はどこへ行きましたか。

....

⑦ 主人公を出迎えてくれたのは、誰と誰ですか。

....

5) 이하의 단어를 인터넷에서 검색합시다.

> **e** 浦島太郎、かめ、竜宮、御殿、乙姫

↘ 2.2 본문을 읽고 번역하세요. (03:15 ～ 05:08)

　浦島が竜宮の広間へ案内されると、/魚たちが次から次へと、/すばらしいごちそうを運んできます。ふんわりと気持ちの良い音楽が流れて、/鯛や/平目や/クラゲたちの/それは見事な踊りが続きました。ここはまるで/天国のようです。そして、/あっという間に時は流れ、/「もう一日/いてください」「もう一日/いてください」「あ、はあ」浦島が/乙姫さまに言われるまま/竜宮で過ごすうちに、/3年が経ってしまいました。「そう言えば、/家族や友達は/いまごろどうしているだろう。乙姫様、/ いままでありがとうございます。名残惜しいのですが、/そろそろ家へ帰らせていただきます」「帰られるのですか。よろしければ、/このままここで暮らしては…」「いいえ、/私の帰りを待つものもおりますので」「そうですか。それは残念です。では、/お土産に/玉手箱を差し上げましょう」

　「玉手箱?」「はい、/この中には/浦島さんが竜宮で過ごされた/時が入っております。これを開けずにもっている限り、/浦島さんは若いまま、/年を取りません。ですが、/一度開けてしまうと/今までの時が戻ってしまいますので/決して/開けてはなりませんよ」「はい、/わかりました。ありがとうございます」

1) 단어의 의미를 익힙시다.

広間손님을 접대하는) 큰방/案内안내/気持ち기분/鯛돔/平目넙치/クラゲ해파리/
見事だ훌륭하다/踊り춤/天国천국/過ごす보내다, 지내다/家族가족/友達친구/名残惜
しい헤어지는 것이 아쉽다, 헤어지는 것이 섭섭하다/残念유감/土産선물/玉手箱보물상
자/若い젊다/戻る되돌아오다, 되돌아가다/差し上げる・やる・あげる

2) 연어의 의미를 익힙시다.

あっという間に눈깜짝할 사이에/次から次へと차례차례로/踊りが続く춤이 이어
지다/音楽が流れる음악이 흐르다/時が流れる세월(시간)이 흐르다/竜宮で過ごす용궁
에서 지내다/年を取る나이를 먹다

3) 문법을 이해합시다.

① 浦島を出迎えてくれました → 浦島を出迎える＋て＋くれる＋ます＋た

설명 | 동사의 어간＋てくれる는 타인이 나(또는 내가 관심을 가진 사람)에
　　　게 어떤 동작을 해 줄(줬을) 때 사용하는 수수표현이다. 상대방을 대
　　　우할 경우, 동사의 어간＋てくださる가 사용된다.

번역 | 우라시마를 배웅해 주었습니다.

예 案内する、送る、手伝う、助ける

② 竜宮で過ごすうちに → 過ごす＋うちに

설명 | 동사의 기본형에 접속되는 うちに는 '어떤 상태의 지속'을 의미한다.

번역 | 용궁에서) 지내는 동안에, 지내는 중에

[예] 暖かい、天気がいい、教室にいる、生きている

③ 家へ帰らせていただきます → 帰る의 사역형＋て＋いただく＋ます

설명 | 앞에서 언급한 대로 타인의 양해를 먼저 구하고 자신의 행위(귀가)를 행사하겠다는 일본어 특유의 표현이다. 帰ります라고 표현하면 타인의 양해없이 자신의 의지를 우선시하여 자신의 행위를 행사하겠다는 의미가 되므로 일본인들에게는 무례하게 느껴질 수도 있다.

번역 | 괜찮으시다면) 귀가하고자 합니다.

[예] 先に失礼する、発表する、案内する、司会をする

④ 帰られるのですか → 帰る의 수동형＋の＋ですか

설명 | 동사의 수동형에는 '존경, 가능, 자발, 수동'이라는 4가지 의미가 있다. 특정한 의미는 특정한 문맥으로 결정된다. 여기에서는 수동형이 '존경'의 의미로 사용되었다.

번역 | 돌아가시는 건가요?

[예] 飲む、起きる、勉強する、買う

⑤ 竜宮で過ごされた時 → 竜宮＋で＋過ごす의 수동형＋た＋時

설명 | 過ごす의 수동형 過ごされる가 존경의 의미로 사용되었다.

번역 | 용궁에서 지내셨을 때

[예] バーで飲む、6時に起きる、イギリスで勉強する、本を買う

⑥ 開けずに → 開ける＋ずに(＝ないで)

설명 | ずに는 동사의 부정형(미연형)에 결합된다. ないで보다 문어체적인 느낌이 강하다. する에 ずに가 결합하면 せずに가 된다.

번역 ㅣ 열지 않고

예 手紙を書く、プレゼントする、夜遅く寝る

⑦ 決して開けてはなりませんよ → 開ける＋て＋は＋なりません＋よ

설명 ㅣ 동사의 어간에 결합하는 てはなりません은 강한 금지를 나타낸다.

번역 ㅣ 절대 열어서는 안 돼요.

예 酒を飲む、たばこを吸う、ろうかで走る、コーヒーを飲む

4) 아래의 일본어 질문에 일본어로 대답합시다.

① 主人公が最初に案内されたのはどこでしたか。

....

② すばらしいごちそうを運んできたのは誰でしたか。

....

③ どんな音楽が流れてきましたか。

....

④ 見事な踊りを踊ったのは誰でしたか。

....

⑤ 主人公は竜宮に、何年間いましたか。

....

⑥ 乙姫様はお土産に、主人公に何をあげましたか。

....

⑦ お土産の中には、何が入っていますか。

....

⑧ お土産にもらったものを、開けてしまうとどうなりますか。

....

5) 이하의 단어를 인터넷에서 검색합시다.

広間、鯛、平目、クラゲ、土産、玉手箱

2.3 본문을 읽고 번역하세요. (05:09～07:01)

　乙姫様と別れた浦島は、/かめに送られて/地上へ帰りました。地上に戻った浦島は、/周りを見回して/びっくりしました。浦島の家は/どこにも見当たりませんし、/出会う人も/知らない人ばかりです。「一体、/これは? あの、/すみません。浦島の家を知りませんか?」浦島は一人の老人に尋ねました。「浦島? ああ、/たしかその人なら、/七百年ほど前に海へ出たきりで/帰らないそうですよ」「えっ? 竜宮での三年は/七百年だというのか。この玉手箱、/これを開けると/自分が暮らしていた時に戻るのでは…」

　浦島は/乙姫様に開けてはいけないと言われていた玉手箱を/開けてしまいました。すると、/中から真っ白の煙が出てきました。「ウワッ!」煙の中には/楽しかった竜宮での三年が/次から次へと/映し出されます。「あ、/私は/竜宮へ戻ってきたんだ」しかし、/玉手箱から出てきた煙は/次第に薄れていき、/その場に残ったのは/髪の毛もひげも真っ白の/ヨボヨボのおじいさんになった/

浦島太郎でした。

....

....

....

....

....

....

....

....

....

....

....

....

....

....

....

1) 단어의 의미를 익힙시다.

別^{わか}れる이별하다, 헤어지다/地上^{ちじょう}지상/周^{まわ}り주위/見回^{みまわ}す둘러보다/出会^{であ}う우연히) 만나다/老人^{ろうじん}노인/暮^くらす살다, 생활하다/真^{まっしろ}っ白だ새하얗다/煙^{けむり}연기/映^{うつ}し出^だす비춰내다/次第^{しだい}に점차로/薄^{うす}れる옅어지다/髪^{かみ}の毛^け머리카락/ヨボヨボ늙어서 약해보임

2) 연어의 의미를 익힙시다.

乙姫様と別れる용녀와 헤어지다/地上に戻る지상으로 돌아오다(가다)/周りを見回す주위를 둘러보다/煙が出る연기가 나다

3) 문법을 이해합시다.

① 出会う人/会う人

설명 | 出会う人는 우연히 만나는 사람인 반면에 会う人는 의지를 가지고 만나는 사람이다.

② 海へ出たきりで → 海へ出る＋た＋きり＋で

설명 | 어느 행동 뒤에 다음의 다른 행동이 이어질 것으로 예측되었으나 실제로는 이어지지 않을 경우에 사용된다.

번역 | 바다에 나간 채

예 森に入る、買い物に行く、高校の時に習う、1年前に酒を飲む

③ 帰らないそうです → 帰る＋ない＋そう＋です

설명 | 동사의 종지형에 접속하는 そうだ(そうです)는 타인(신문, 잡지, 방송 등)의 말을 전달하는 용법을 지닌다. 일명 전문 용법이다.

번역 | 돌아오지 않는다(않았다)고 합니다.

예 森に入る、買い物に行く、高校の時に習う、1年前に酒を飲む

4) 아래의 일본어 질문에 일본어로 대답합시다.

① 地上にもどった主人公の家は、すぐ見当たりましたか。

....

② 竜宮での三年は、地上では何年でしたか。

....

③ お土産の中から、何が出てきましたか。

....

④ 煙の中には、何が映し出されましたか。

....

⑤ 結局、主人公はどうなりましたか。

....

⑥ この話を聞いて何を感じましたか。

....

본문 내용에 맞는 문장엔 O를, 맞지 않는 문장에는 ×를 표시하세요.

① 昔々ある村に、心の優しい浦島太郎という老人がいました。浦島が海辺を通りかかると、子供たちがみんなで大きなかめを苛めています。

(　　)

② さて、それから二三日経ったある日、浦島が海に出かけて魚を釣っていると、どこからか声が聞こえてきました。　　　　　　（　　　）

③ さかなはそう言うと、浦島を背中へ乗せて、海の中をずんずんと潜って行きました。　　　　　　　　　　　　　　　　　（　　　）

④ かめに案内されるまま進んでいくと、美しい男性が色とりどりの魚たちと一緒に、浦島を出迎えてくれました。　　　　　　（　　　）

⑤ 浦島が竜宮の広間へ案内されると、魚たちが次から次へと、すばらしいごちそうを運んできます。　　　　　　　　　　　（　　　）

⑥ 浦島が乙姫さまに言われるまま竜宮で過ごすうちに、5年が経ってしまいました。　　　　　　　　　　　　　　　　　（　　　）

⑦ これを開けずにもっている限り、浦島さんは若いまま、年を取りません。
　　　　　　　　　　　　　　　　　　　　　　　　　　　　（　　　）

⑧ ですが、一度開けてしまうと今までの時が戻ってきますので決して開けてはなりませんよ。　　　　　　　　　　　　　　（　　　）

⑨ 浦島は乙姫様に開けてはいけないと言われていた玉手箱を開けてしまいました。すると、中から真っ黒の煙が出てきました。　　（　　　）

⑩ 玉手箱から出てきた煙は次第に薄れていき、その場に残ったのは髪の毛も、ひげも真っ白のヨボヨボのおじいさんになった浦島太郎でした。
　　　　　　　　　　　　　　　　　　　　　　　　　　　　（　　　）

Unit 3
笠地蔵

昔話・きくドラ 脚色

몹시도 가난한 노부부가 어느 마을에 살았다. 어느 날 할아버지가 설을 맞이하기 위해 갓을 만들어 읍내의 장에 팔러갔다. 하루 종일 수고를 기울였으나 하나도 팔리지 않아 체념하고 집으로 돌아갔다. 돌아가던 중 길가에 서 있는 6체의 지장보살님들이 눈을 맞고 서계신 걸 안쓰럽게 여겨 가지고 있던 갓을 지장보살님들에게 씌워주었다. 그 후에 노부부에게 엄청난 일들이 일어난다.

 모르는 단어를 체크하면서 본문을 들어봅시다.

昔あるところに、おじいさんとおばあさんが住んでいました。二人は大変正直で働き者でしたが、その年は不作で、年の瀬のころには二人の家には、ほとんど食べものがなくなってしまっていました。これではお正月を迎えることもままならないと、おじいさんは残り少なくなったわらで笠を編み、それを町に売りに行くことにしました。

冷たい雪の降る大晦日の朝、おじいさんはおばあさんに見送られて、やっと編み上げた五枚の笠をもって町に出かけました。道中、六つのお地蔵さまが並んでいるところがあり、おじいさんもおばあさんも前を通る時はいつもそれぞれのお地蔵様に向かって日頃の感謝とその日の無事を祈るようにしていまし

た。

　この日もおじいさんは冷たい雪の中を立ち止まって、「どうぞ、笠が売れて、正月の支度ができますように…」と、一つ一つのお地蔵様の前で祈ってから町に向かいました。

　「笠は要りませんか。笠は要りませんか」「おじいさんは笠を売るために、一日中町のあちこちで声を張り上げていましたが、たくさんの人でごったがえす年末の町では、いまさら年取ったおじいさんからわざわざ笠を買おうなどという人はなく、日が落ちて薄暗くなるころになっても笠は一枚も売れずに残ってしまいました。どうにも仕方なく、おじいさんはもってきた笠をそのまま背中に背負って、トボトボと家に帰っていきました。

　「ハア、ばあさんに餅の一つでも買って帰りたかったんじゃがの〜」山へ上がる前に、やはりお地蔵様のところへやってきましたが、朝からの雪で、お地蔵様たちはそれぞれのおつむに、真っ白な雪を被っておられました。おじいさんはそれを見て、「やれ、これでは冷たくておいででしょう。そうそう。ちょうどいいものがあります。こんなものでもへちょいのしのぎにはなりましょう」といって、もっていた笠をそれぞれのお地蔵様の頭に被せてあげました。ところが、最後のお地蔵様の前に来たとき、おじいさんはもうもっている笠がないことに気がつきました。笠は五枚編んだのですが、お地蔵様は六体おられたからです。「はて、困った。このままではこちらのお地蔵様が寒かろう。オオオッ！そうじゃ。お地蔵様。じいの汚い手ぬぐいで申し訳ございませんが、どうかこれで勘弁してくださいまし。笠ほど役には立

ちませんが、いくらかはしのげることと存じます」

　「まあ、どうしましたね。まさか、手ぬぐいまで売らしゃったんじゃ。はい、ああ、そうでしたか。それはそれは。ようございました。よいことをなされましたね。きっとお地蔵様も喜んでおいででしょう」しかし、相変わらず二人の家の中には、正月の備えどころか何の食べものもありませんでした。しょうがないので、二人は薄い布団にくるまって、その日は早く寝てしまいました。

　さて、シンシンと降る雪が、ますます冷たく固く積もってゆく大晦日の夜更け。おじいさんとおばあさんはふと申し合わせたように目を覚ましました。「あ、あれ。何じゃろうか」「ええ、さっきから何の音だか、ドスンドスンと鬼の年越しかと思いましたが、違うようで。何やらけいきのいい歌声もしますし…」音と歌声はどうやら二人の家に向かってやってくるようです。二人は何がやってくるのかと入口の戸に隙間を開けてじっと見ていました。

　雪はすでに止んでいて、辺りには月の光が差していました。その明るくなった表に現われたのは、何と笠を被ったお地蔵様たちだったのです。お地蔵様たちは、それぞれ何やら重そうな荷物を転がしながら家の前に次々とそれを積み上げました。一番最後のお地蔵様の頭には、おじいさんの手ぬぐいがありました。

　二人は思わず手を合わせて、「やれ、ありがたや。ありがたや。なんまいだぶ、なんまいだぶ」お地蔵様たちは、また来た道を楽しそうに、歌を歌い

ながら戻って行きました。おじいさんとおばあさんが表に出てみると何と積み上げられていたのは、米俵や餅や炭など、ほかにはたくさんの野菜や魚やお酒まで、いろんなものがあったのです。二人は手を合わせて感謝してから、それらのものを家の中に運び込みました。

　家の中は、あっという間に立派な正月を迎えるためのものでいっぱいになりました。そして、おじいさんは手ぬぐいでほっかむりをしたお地蔵様が置いていった小さな包みを見つけました。「何じゃろうかね」「おー、これはまた可愛らしい手ぬぐいじゃ」「おじいさんへのお返しなんでしょうかね。可愛げのあることをなさるお地蔵様じゃ」「どうじゃ? 似合うかの〜。アッハハハハハ」

　そして二人はお地蔵様のことを思い出しながら、楽しく話したり、お地蔵様たちが歌っていた歌をまねて歌ってみたりして、愉快に大晦日の夜を過ごしたということです。

＜終り＞

　昔/あるところに、/おじいさんとおばあさんが住んでいました。二人は大変正直で働き者でしたが、/その年は不作で、/年の瀬のころには/二人の家には、/ほとんど食べものがなくなってしまっていました。これではお正月を迎えることもままならないと、/おじいさんは/残り少なくなったわらで/笠を編み、/それを/町に売りに行くことにしました。

　冷たい雪の降る/大晦日の朝、/おじいさんは/おばあさんに見送られて、/やっと編み上げた/五枚の笠をもって/町に出かけました。道中、/六つのお地蔵さまが並んでいるところがあり、/おじいさんもおばあさんも/前を通る時は/いつもそれぞれのお地蔵様に向かって/日頃の感謝と/その日の無事を祈るようにしていました。

　この日もおじいさんは/冷たい雪の中を立ち止まって、/「どうぞ笠が売れて、/正月の支度ができますように…」と、/一つ一つのお地蔵様の前で祈ってから/町に向かいました。

　「笠は要りませんか。笠は要りませんか」「おじいさんは/笠を売るために、/一日中/町のあちこちで声を張り上げていましたが、/たくさんの人でごったがえす年末の町では、/いまさら年取ったおじいさんから/わざわざ笠を買おうなどという人はなく、/日が落ちて/薄暗くなるころになっても/笠は一枚も売れずに/残ってしまいました。どうにも仕方なく、/おじいさんは/もってきた笠をそのまま背中に背負って、/トボトボと/家に帰っていきました。

1) 단어의 의미를 익힙시다.

住む 살다, 거주하다/大変 큰일/正直 정직/働き者 부지런한 사람/不作 흉작/年の瀬 연말, 세모/正月 음력 1월/笠 갓/編む 짜다/冷たい 차다/雪 눈/大晦日 섣달 그믐날/見送る 배웅하다/編み上げる 엮어내다, 짜내다/お地蔵さま 지장보살님/並ぶ 늘어서다/通る 지나가다/日頃 평소/感謝 감사/無事 무사/祈る 기도하다/支度 준비/要る 필요하다/年末 연말/薄暗い 어두컴컴하다/残る 남다/仕方がない 하는 수 없다

2) 연어의 의미를 익힙시다.

お正月を迎える 설을 맞이하다/笠を編む 갓을 짜다/笠をもつ 갓을 가지다(들다)/町に出かける 마을로 나가다/前を通る 앞을 지나가다/無事を祈る 무사를 기원하다/正月の支度 설맞이 준비/声を張り上げる 소리를 지르다/日が落ちる 해가 지다/笠が売れる 갓이 팔리다

3) 문법을 이해합시다.

① 食べものがなくなってしまっていました → 食べものがない＋く＋なる＋て＋しまう＋て＋いる＋ます＋た

설명 | 한국어에서는 볼 수 없는 표현이다. 한국어식으로 표현하자면 食べものがなくなってしまいました, 즉 "음식이 떨어져버렸습니다."가 자연스러울 것이지만, 食べものがなくなってしまっていました에서 보듯 한국어의 관점으로는 불필요해 보이는 ている 표현이 사용됨으로써 먹을 것이 하나도 남지 않았다는 사실이 세밀하게 묘사된다는 점에서

이 표현의 가치를 인식할 필요가 있다.

번역 I 직역을 하면 "음식이 없어져 버려 있었습니다."가 되지만, 이 한국어 번역은 매우 어색하므로 "먹을 게 하나도 남아 있지 않았습니다."와 같이 원래 문장 구조와는 다르게 번역할 필요가 있다.

② 迎えることもままならないと → 迎える＋こと＋も＋ままならない＋と

설명 I ままならない는 화자 생각대로 되지 않는다, 뜻대로 되지 않는다는 의미. 世の中ままならないことばかり와 같이 명사(こと)를 수식할 수도 있다.

번역 I 맞이하는 것도 자기 뜻대로 되지 않는다.

③ 残り少なくなったわら → 残り少ない＋く＋なる＋た＋わら

번역 I 얼마 남지 않은 지푸라기

④ 売りに行くことにしました → 売り＋に＋行く＋こと＋に＋する＋ます＋た

설명 I 동사의 기본형＋ことに＋する는 합의와 결심의 의미(~하기로 하다)를 나타낸다. 문장에 타인(청자, 제3자)이 개입한 경우는 합의의 의미가, 그렇지 않고 자신(1인칭 주어, 화자)만이 개입된 경우라면 결심의 의미가 된다.

번역 I 이 문장은 주어가 1인칭이므로 결심의 의미로 번역된다. "팔러가기로 했습니다." 반대 표현은 동사를 부정형으로 변환하여 ことに＋する를 접속하면 된다.

[연습] 飲む、飲まない、学校へ行く、学校へ行かない

⑤ 正月の支度ができますように → 正月の支度が＋できる＋ます＋ように

설명 | 동사의 기본형이나 ます형에 ように가 결합한 형태로 문장이 중지되면 화자의 간절한 바람(염원)의 의미가 나온다. 일본에 가면 교회의 기도문에 이러한 형태의 문장을 흔히 볼 수 있다.

번역 | 설 준비를 할 수 있도록 해 주시옵소서

연습 学位が取れる、彼女と結婚ができる、あの会社に就職する

⑥ その日の無事を祈るようにしていました → その日の無事を＋祈る＋ように＋する＋て＋いる＋ます＋た

설명 | 동사의 기본형(부정형)에 접속하는 ようにする는 절대적인 것은 아니지만 가급적 그렇게 행동을 하겠다는 화자의 다짐을 묘사한다. 반대로 동사의 기본형(부정형)에 접속하는 ことにする는 화자의 군은 결심을 묘사한다.

번역 | 그날그날의 무사를 빌고 있었습니다.

연습 たばこを吸わない、彼と会わない、酒を飲まない、六時に祈る

⑦ わざわざ笠を買おうなどという人はなく → わざわざ笠を＋買う의 의지형＋など＋と＋いう＋人は＋なく

설명 | 買おう는 買う의 의지형이다. 그러나 의지형이라고 하지만, 이 활용형은 반드시 화자의 의지만을 나타내지는 않는다. 상대방이 존재할 때는 권유의 의미를 지니기도 한다. 예를 들어 상대방이 있는 경우, 무く行こう라고 말하면 "빨리 가자."로 번역되며, 자기 자신에게 말하는 경우라면 "빨리 가야겠군, 빨리 가야지"로 번역된다.

번역 l 이 문장은 갓을 사는 사람들 자신의 의지를 나타내므로 "일부러 갓
을 사려는 사람은 없고"

연습 タクシーに乗る、手紙を書く、公園を歩く、ベンチで待つ

4) 아래의 일본어 질문에 일본어로 대답합시다.

① 昔々あるところに、誰と誰が住んでいましたか。

....

② 二人はどんな人でしたか。

....

③ その年は豊作でしたか、不作でしたか。

....

④ 年末には二人の家に食べものがありましたか、それともなくなっていま
したか。

....

⑤ おじいさんはお正月を迎えるために何を編み、それをもってどこへ行き
ましたか。

....

⑥ おじいさんが編んだものは、全部で何枚でしたか。

....

⑦ 道中にはいくつのお地蔵様が並んでいましたか。

....

⑧ おじいさんとおばあさんは、お地蔵様たちの前を通る時は何をしますか。

‥‥‥

⑨ おじいさんはこの日、お地蔵様たちに何をお祈りしましたか。

‥‥‥

⑩ この日、おじいさんは笠を何枚売りましたか。

‥‥‥

5) 이하의 단어를 인터넷에서 검색합시다.

e 正月、笠、大晦日、お地蔵さま、正月の支度

3.2 本文を 読んで 翻訳しなさい. (02:14~04:34)

「ハア、/ばあさんに/餅の一つでも買って帰りたかったんじゃがの~」山へ上がる前に、/やはりお地蔵様のところへやってきましたが、/朝からの雪で、/お地蔵様たちは/それぞれのおつむに、/真っ白な雪を被っておられました。おじいさんはそれを見て、/「やれ、/これでは/冷たくておいででしょう。そうそう。ちょうどいいものがあります。こんなものでも/へちょいのしのぎには/なりましょう」といって、/もっていた笠を/それぞれのお地蔵様の頭に被せてあげました。ところが、/最後のお地蔵様の前に来たとき、/おじいさんは/もうもっている笠がないことに気がつきました。笠は五枚編んだのですが、/お地蔵様は/六体おられたからです。「はて、/困った。このままでは/こちらのお地蔵様が寒かろう。オオオッ！そうじゃ。お地蔵様。じいの汚い手ぬぐいで申し訳ございませんが、/どうか/これで勘弁してくださいまし。笠ほど役には立ちませんが、/いくらかは/しのげることと存じます」

「まあ、/どうしましたね。まさか、/手ぬぐいまで売らしゃったんじゃ。はい、/ああ、そうでしたか。それはそれは。ようございました。よいことをなされましたね。きっとお地蔵様も/喜んでおいででしょう」しかし、/相変わらず二人の家の中には、/正月の備えどころか/何の食べものもありませんでした。しょうがないので、/二人は薄い布団にくるまって、/その日は早く寝てしまいました。

1) 단어의 의미를 익힙시다.

餅떡/被る모자를)쓰다/被せる씌우다/最後마지막/汚い더럽다/手ぬぐい수건, 타올/

勘弁인내함, 용서함/喜ぶ기뻐하다/相変わらず변함없이, 여전히/備え대비/薄い엷다/

布団이불/くるまる푹싸다

2) 연어의 의미를 익힙시다.

山へ上がる산에 오르다/雪を被る눈을 뒤집어 쓰다/気がつく알아차리다/役に立つ

도움이 되다

3) 문법을 이해합시다.

① 帰りたかったんじゃがの → 帰り＋たい＋かった＋ん＋じゃ＋が(역접

의 종조사)＋の(종조사)

설명 | じゃ는 조동사 だ의 고어체(옛스런 말씨)이다. 현대의 표현으로 바꾸

면 帰りたかったんだがね가 될 것이다.

번역 | 돌아가고 싶었는데.

[연습] 書く、乗る、会う、結婚する

② 真っ白な雪を被っておられました → 真っ白な雪を＋被って＋おる＋ら

れ＋ます＋た

설명 | 수동형(おられる)의 '수동, 가능, 존경, 자발'의 의미를 지닌다. 특정한

의미는 특정한 문맥하에 결정된다. 여기에서는 주어가 지장보살님이

기 때문에 존경의 의미. 被っておられました가 아닌 被っていらっ

しゃいましたとも 표현할 수 있다.

번역ㅣ 새하얀 눈을 덮어쓰고 계셨습니다.

연습 夜遅くまで飲む、一人でご飯を食べる、寂しく歩く、公園で休む

③ これでは冷たくておいででしょう → これでは冷たい＋く＋て＋おいで
でしょう

설명ㅣ おいで는 いる의 존경 표현이다. 冷たくて는 일반적으로 원인(이유),
상태의 나열과 같이 복수의 의미를 지니는데, 여기에서는 동사의 음
편형에 いる가 연결된 것으로 간주하여 번역하는 것이 바람직하다.

번역ㅣ 직역하면 "이렇게 있으면 춥게 계시겠지요."이다. 그러나 이 번역은
부자연스럽다. "이렇게 있으면 추우실겁니다."로 번역하는 것이 자연
스럽다.

연습 つらい、苦しい、息苦しい、さびしい

④ こんなものでもへちょいのしのぎにはなりましょう → こんなものでも
＋へちょい＋の＋しのぎ＋に＋は＋なる＋ましょう

설명ㅣ へちょい는 방언 느낌이 나는 단어이다. '사소한, 미약한, 보잘 것 없
는'의 의미를 지닌다. なりましょう는 일반적으로 권유의 의미 즉 "됩
시다."의 의미로 번역되는 경우가 많은데, 여기에서는 추측의 의미.

번역ㅣ 이런 것이라도 조금은 견딜 수가 있겠지요.

⑤ こちらのお地蔵様は六体おられたからです → こちらのお地蔵様は＋六
体＋おられた＋から＋です

설명ㅣ 본동사 おる는 본동사 いる의 예스런 말씨이다. 주어가 지장보살님이

므로 수동형 おられる는 존경의 의미를 나타낸다.

번역 | 이쪽의 보살님은 6체가 계셨기 때문입니다.

⑥ このままではこちらのお地蔵様が寒かろう → お地蔵様が＋寒い＋かろう

설명 | 寒かろう는 寒いだろう의 예스런 말투이다. 그 차이를 굳이 번역하면
　　　寒かろう는 "추울 게야.", 寒いだろう는 "추울 것이다."

번역 | 이대로는 이쪽의 지장보살님이 추우실 게야.

[연습] 暑い、暖かい、小さい、食べたい、行きたくない

⑦ それはそれはようございました → よい＋ござる＋ました

설명 | 어미가 い인 형용사가 ございます(です의 공손형, 이옵니다)가 연결
　　　될 때, 형용사마다 결합하는 방식이 다르다. しろい＋ございます →
　　　しろうございます/よい＋ございます→ようございます/わるい＋ござ
　　　います→わるうございます/うれしい＋ございます→うれしゅうござ
　　　います/ありがたい＋ございます→ありがとうございます 변화의 규
　　　칙성을 찾아보자. 하지만 이러한 표현은 ありがとうございます를 제
　　　외하고는 일상에서 거의 사용되지 않는다는 점에 유의하자.

번역 | 그건 참 잘하셨어요.

[연습] 美しい、明るい、小さい、行きたい、暑い

⑧ いくらかはしのげることと存じます → しのぐ＋가능형＋こと＋と＋存
　 じます

설명 | しのげる는 しのぐ의 가능형이다. 存じる는 思う의 겸양어이다. 存じ
　　　る는 일상에서는 그다지 사용되지 않는 표현이다. 만약 사용하면 그

것을 들은 일본인들은 기이한 인상을 가질지도 모르며, 또 사람에 따라 당신을 심성이 아름다운 사람으로 바라볼 것이다. 그러나 크게 기대는 하지 마시길...

번역 | 약간은 견디실 수 있으리라 사료됩니다(사료되옵니다).

연습 行く、遅れる、楽に休む、泊まる

4) 아래의 일본어 질문에 일본어로 대답합시다.

① おじいさんはおばあさんに、何を買って帰りたかったのですか。

....

② お地蔵様たちは、何を被っていましたか。

....

③ おじいさんはお地蔵様たちに、何を被せてあげましたか。

....

④ 最後のお地蔵様には、何を被せてあげましたか。

....

⑤ 食べもののないおじいさんとおばあさんは、大晦日の日に何をしましたか。

....

5) 이하의 단어를 인터넷에서 검색합시다.

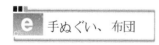
手ぬぐい、布団

3.3 본문을 읽고 번역하세요. (04:35 ~ 07:41)

さて、/シンシンと降る雪が、/ますます冷たく固く積もってゆく/大晦日の夜更け。おじいさんとおばあさんは/ふと/申し合わせたように目を覚ましました。「あ、/あれ。何じゃろうか」「ええ、/さっきから何の音だか、/ドスン/ドスンと/鬼の年越しかと思いましたが、/違うようで。何やら/けいきのいい歌声もしますし…」音と歌声は/どうやら/二人の家に向かってやってくるようです。二人は/何がやってくるのかと/入口の戸に隙間を開けて/じっと見ていました。

雪はすでに止んでいて、/辺りには/月の光が差していました。その明るくなった表に現われたのは、/何と/笠を被った/お地蔵様たちだったのです。お地蔵様たちは、/それぞれ何やら/重そうな荷物を転がしながら/家の前に次々と/それを積み上げました。一番最後のお地蔵様の頭には、/おじいさんの手ぬぐいがありました。

二人は思わず/手を合わせて、/「やれ、/ありがたや。ありがたや。なんまいだぶ、/なんまいだぶ」お地蔵様たちは、/また来た道を楽しそうに、/歌を歌いながら/戻って行きました。おじいさんとおばあさんが/表に出てみると/何と積み上げられていたのは、/米俵や/餅や/炭など、/ほかにはたくさんの野菜や/魚や/お酒まで、/いろんなものがあったのです。二人は/手を合わせて感謝してから、/それらのものを/家の中に運び込みました。

家の中は、/あっという間に/立派な正月を迎えるためのもので/いっぱいになりました。そして、/おじいさんは/手ぬぐいでほっかむりをしたお地蔵様が

置いていった/小さな包みを見つけました。「何じゃろうかね」「おー、/これはまた可愛らしい手ぬぐいじゃ」「おじいさんへのお返しなんでしょうかね。可愛げのあることをなさるお地蔵様じゃ」「どうじゃ? 似合うかの〜。アッハハハハハ」

　そして二人は/お地蔵様のことを思い出しながら、/楽しく話したり、/お地蔵様たちが歌っていた歌をまねて/歌ってみたりして、/愉快に/大晦日の夜を過ごしたということです。

1) 단어의 의미를 익힙시다.

固い 단단하다/積もる 쌓이다/夜更け 심야/年越し 해넘기기/歌声 노래소리/隙間 틈/月の光 달빛/荷物 짐/積み上げる 쌓아올리다/米俵 쌀가마니/炭 숯/野菜 야채/酒 술/運び込む 옮겨넣다/置く 두다, 놓다/包み 보자기, 꾸러미/見つける 발견하다, 찾아내다/可愛らしい 귀엽다/楽しい 즐겁다/愉快だ 유쾌하다

2) 연어의 의미를 익힙시다.

雪が積もる 눈이 쌓이다/目を覚ます 눈을 뜨다/家に向かう 집을 향하다/月の光が差す 달빛이 비치다/笠を被る 갓을 쓰다/荷物を転がす 짐을 굴리다/それを積み上げる 그것을 쌓아올리다/手を合わせる 합장하다/歌を歌う 노래를 부르다/家の中に運び込む 집 안으로 옮겨 넣다/包みを見つける 보자기를 발견하다/可愛らしい手ぬぐい 귀여운 수건/楽しく話す 즐겁게 이야기하다/歌をまねる 노래를 흉내내다/愉快に夜を過ごす 유쾌하게 밤을 보내다/じっと見る 지긋이 보다

3) 문법을 이해합시다.

① 何やら重そうな荷物 → 何やら＋重いの 어간＋そうだの 연체형＋荷物

설명 l 형용사의 어간(동사의 ます형)에 접속되는 そうだ는 화자의 거의 확실한 추측 '~ㄹ것 같다, ~보인다'의 의미를 나타낸다.

번역 l 왠지 무거워 보이는 짐

연습 痛い、おいしい、軽い、暖かい

② また来た道を楽しそうに → また来た道を＋楽しいの 어간＋そうだの 연용형

설명 ㅣ 楽しそうに는 형용사(楽しい)의 어간에 추측의 의미를 나타내는 そう
    だ가 접속한 뒤, 다시 そうに로 변화한 형태(연용형)이다.

번역 ㅣ 다시 온 길을 즐거운 듯이

[연습] 行きたい、嬉しい、つらい

③ 積み上げられていたのは → 積み上げる＋られる＋て＋いた＋のは

설명 ㅣ 積み上げられる는 積み上げる의 수동형이다.

번역 ㅣ 쌓여져 있었던 것은

[연습] 書く、おく、読む、売る

④ 何じゃろうかね → 何＋じゃろう＋かね

설명 ㅣ じゃろう는 だろう의 예스런 말투이다. 현대의 표현으로 바꾸면 何だ
    ろうかね이다.

번역 ㅣ 무엇인 겔까?

4) 아래의 일본어 질문에 일본어로 대답합시다.

① お地蔵様たちは二人の家に、何をもってきましたか。

....

② 一番最後のお地蔵様の頭には、何がありましたか。

....

③ お地蔵様たちは、来た道をどうやって帰りましたか。

....

④ お二人の家の前には、何が積み上げられていましたか。

....

⑤ 小さな包みの中には、何が入っていましたか。

....

⑥ この話を聞いて何を感じましたか。

....

5) 이하의 단어를 인터넷에서 검색합시다.

> e 鬼、年越し、鬼の年越し、米俵、餅、炭

본문 내용에 맞는 문장엔 ○를, 맞지 않는 문장에는 ×를 표시하세요.

① 二人は大変正直で働き者でしたが、その年は不作で、年の瀬のころには
二人の家には、ほとんど食べものがなくなってしまっていました。

(　　)

② 冷たい雨の降るお正月の朝、おじいさんはおばあさんに見送られて、
やっと編み上げた五枚の笠をもって、町に出かけました。　　(　　)

③ どうにも仕方なく、おじいさんはもってきた笠をそのまま背中に背負っ
て、トボトボと家に帰っていきました。　　　　　　　　(　　)

④ やはりお地蔵様のところへやってきましたが、朝からの雪で、お地蔵様た
ちはそれぞれのおつむに、真っ白な雪を被っておられました。(　　)

⑤ ところが、最後のお地蔵様の前に来たとき、おじいさんはもうもっている笠がないことに気がつきました。　　　　　　　　　　　（　　　）

⑥ しかし、相変わらず二人の家の中には、正月の備えどころか何の食べものもありませんでした。　　　　　　　　　　　　　　　（　　　）

⑦ その明るくなった表に現われたのは、何と笠を被った仏様たちだったのです。　　　　　　　　　　　　　　　　　　　　　　　（　　　）

⑧ お地蔵様たちは、また来た道を楽しそうに、歌を歌いながら戻って行きました。　　　　　　　　　　　　　　　　　　　　　　（　　　）

⑨ 家の中は、あっという間に立派な正月を迎えるためのものでいっぱいになりました。　　　　　　　　　　　　　　　　　　　　（　　　）

⑩ そして、おじいさんは手ぬぐいでほっかむりをしたお地蔵様が置いていった大きな包みを見つけました。　　　　　　　　　　　（　　　）

Unit 4

三匹の小熊さん

(1931年)

村山籌子(1903～1946)　作

きくドラ　脚色

여느 때처럼 음식 투정하고 장난기 넘치는 세 마리의 어린 곰들. 그들에게는 소중한 친구인 오리가 있었는데, 어느 날 오리가 사라져버렸다. 크게 걱정하는 오리의 아버지를 안심시켜 드리기 위해 이 세 마리 어린 곰들은 오리의 행방을 찾으러 떠난다. 생각지도 못한 여러 일들을 겪지만 결국에는 오리를 찾고 집으로 무사히 돌아온다는 내용이다.

あるところに三匹の小熊さんが、お母さんと一緒に住んでおりました。「朝ですよ。起きなさい」「はい」「よっし、起きた」「おはようお母さん」「おはよう、お母さん」「おはよう、お母さん」「はい、おはよう。さあ、召し上がれ」「え? 牛乳あるじゃーん。おい、これやるよ」「え? ぼくだって要らないよ」「はい、ぼくも要らない」困ったことに三匹の小熊さんは、牛乳が匂いを嗅ぐのも嫌いです。どうしても飲みません。けれども、それを見ていたのが戸棚の中の角砂糖さんです。

「おいおい、しょうがねえな。おめえら」「やあ、角砂糖さん」「朝からご免なさいね。角砂糖さん。今日もお願いできるかしら?」「おや、これでぼく食いやがれ」お母さんは牛乳をお鍋に移すと気の利いている角砂糖さんたち

は見事なダイビングで、牛乳のなかに入ってしまいました。「あ、おいしかった。ごちそうさま」「ごちそうさま」「ごちそうさま」

　さて、三匹の小熊さんには一人のお友達がいます。あひるさんです。あひるさんはお父さんと一緒に住んでいました。「クワー、クワー、きゃあ、何、何? ワー、どじょうだ。どっから来たんだ?」「え、待て。こら逃げるな。アッ、あれ? 閉まっちゃった。アッ、開かないぞ。ウーン。ま、いいか。そのうち誰か開けてくれるでしょう。え、お休み。クワー、ヒー、クワー」

　「朝だぞ。早く起きなさい。あれ、いないなあ。もう起きたのか」「もしもし。ああ、おはようございます。どうしたんですか。えー、えー。あら、まあ!」あひるさんのお父さんは、姿の見えないあひるさんが心配のあまり、あひるさんのお友達の三匹の小熊さんにあひるさんを探してくれるように頼みました。「行くぞ。えいえい。オー」「オー」

　三匹の小熊さんは友達を探しに、まずは、探偵の犬さんの家へ、あひるさんの捜索を頼みに行きました。「こんにちは」「あ、誰だ?」「三匹の小熊ですけど、お願いがあってきました」「帰れ、帰れ! こっちは風邪ひいて、それどころじゃないんだ。ハクション!」「ええ、そこなんとか」「うるさい。じゃ、これを貸してやるから、それで何とかしろ!」「虫眼鏡、こんなの役に立つの?」「何もないよりましさ。犬さんの代わりに、ぼくらがあひるちゃんを見つけるんだ」「へえまずは現場検証だ。あひるちゃんちに行こう。アッ、雪だ」

雪の中、虫眼鏡片手に三匹があひるさんの家のほうへ歩いてきますと向こうからなにやら柔らかそうな、むくむくしたものがやって来ました。三匹の小熊さんは虫眼鏡で見ますとそれは雪だるまでした。「すげえ、動いている雪だるま、はじめて見た」「どうやって動いているの? ねえねえ」「こんにちは。ねえ君。どっから来たの? やっぱ北から?」「う、う、うるさい。余計なお世話だ」「この体、溶けたらどうなるの?」「アッ、じゃこの虫眼鏡で。ジィー」「どうどう? 気持ちいい?」「な、何をする。アーアッ、からだがへこんだじゃないか。ウーン、お前ら、いい加減にしろ!」「ワアーッ。アーッ!」「おまえたち、雪だるまの怒りをおもいしれ」「アーアッーアー」

　雪の上を走る三匹の小熊さんは雪だらけ。しまいには雪の球になってころころ転がり、ある一軒のお家の戸にぶつかって壊れました。中から無事に、三匹の小熊さんが転がり出ました。「ブルルルーッ、やっと止まった。誰だよ。虫眼鏡で雪だるま溶かしたの?」「お前だよ」「あれ、ここあひるちゃんちだ」この家は都合の良いことにあひるさんのお家でした。あひるさんのお父さんは、あひるさんがまだ見つからないので洗面器いっぱいになるくらい涙をこぼして泣いていました。

　「おじさん! 大丈夫」「あひるちゃんは、ぼくたちが見つけるから」「だからそっちに行ってて」三匹の小熊さんは、直ちに探偵に取りかかりました。三匹は虫眼鏡で方々を探しました。すると、「はあ、こんなところにあひるちゃんの足跡が…」「この戸棚に続いているぞ。もしかして、この中

に?」「クワー、ヒー、クワー」戸棚を開けますと、のんきなあひるさんは
ぐうぐう寝ていました。あひるさんのお父さんはどんなに喜んだでしょう。
「ありがとう。これはおじさんからのお礼だよ」「ウン? これ何だ」「ど
じょうだ」「ありがとう。おじさん」

　どじょうをもらった三匹は、それを膨らまして飛行船にして、それに乗
り込みました。けれども、途中で飛んできた鳥が飛行船を口ばしでつつく
と、「あああああ、誰か助けてえええええ」三匹は墜落してある家の煙突の
なかへ落ち込みました。幸いなことに、そこは小熊さんのお家でした。すす
で真っ黒になってしまった小熊さんたち。「ほら! こんなに汚して、お風呂に
入ってらっしゃい!」「エッ、やだー」「はいはい」「そんなこと言ってる
と晩ごはん、なしにしますよ」晩ごはん抜きにされるのはたまらないと三匹
はお風呂へ入ってしまうと、やはりお風呂は暖ったかくていいもんだな、と
喜んでニコニコしています。

＜終り＞

　あるところに/三匹の小熊さんが、/お母さんと一緒に住んでおりました。
「朝ですよ。起きなさい」「は～い」「よっし起きた」「おはようお母さ
ん」「おはようお母さん」「おはよう、お母さん」「はい、おはよう。さ
あ、/召し上がれ」「え？牛乳あるじゃーん。おい、/これやるよ」「え？ぼ
くだって要らないよ」「はい、/ぼくも要らない」困ったことに/三匹の小熊
さんは、/牛乳が匂いを嗅ぐのも嫌いです。どうしても飲みません。けれど
も、/それを見ていたのが/戸棚の中の角砂糖さんです。

　「おいおい、しょうがねえな。おめえら」「やあ、/角砂糖さん」「朝か
らご免なさいね。角砂糖さん。今日も/お願いできるかしら？」「おや、/これ
でぼく食いやがれ」お母さんは/牛乳をお鍋に移すと/気の利いている角砂糖さ
んたちは/見事なダイビングで、/牛乳のなかに入ってしまいました。「あ、/
おいしかった。ごちそうさま」「ごちそうさま」「ごちそうさま」

　さて、/三匹の小熊さんには/一人のお友達がいます。あひるさんです。あひ
るさんはお父さんと一緒に住んでいました。「クワー、クワー、きゃあ、
何、何？ワー、/どじょうだ。どっから来たんだ？」「え、待て。こら逃げる
な。アッ、/あれ？閉まっちゃった。アッ、/開かないぞ。ウーン。ま、/いい
か。そのうち誰か開けてくれるでしょう。え、お休み。クワー、/ヒー、/ク
ワー」

1) 단어의 의미를 익힙시다.

小熊작은곰, 아기곰/一緒に 함께/召し上がる 食べる의 높임말/匂い 냄새/嗅ぐ 맡다/嫌いだ 싫어하다/戸棚선반이 딸린 장/角砂糖각설탕/願い 부탁/牛乳 우유/お鍋 남비/移す 옮기다/あひる 오리/閉まる 닫히다

2) 연어의 의미를 익힙시다.

一緒に住む함께 살다/困ったことに곤란하게도, 난처하게도/匂いを嗅ぐ냄새를 맡다/気が利く눈치가 있다, 재치가 있다

3) 문법을 이해합시다.

① さあ、召し上がれ! → 召し上がる의 명령형

설명ㅣ召し上がれ는 召し上がる의 명령형이다. 召し上がる는 食べる의 존경어이다. 엄마가 자신의 아이에게 존경어를 사용한 것은 아이를 존경해서가 아니라 존경어의 또 다른 기능인 고운 말을 표출하기 위해 쓴 것으로 생각된다.

번역ㅣ자, 어서 먹으렴

② 牛乳あるじゃーん → ある＋じゃーん

설명ㅣじゃーん은 じゃん을 길게 늘어뜨린 표현이다. じゃない가 음변화하여 じゃん으로 변화한 것이다. 아이들이나 젊은이들이 자신의 의견을 조금 강하게 사용하는 표현이다.

번역ㅣ우유가 있잖아!

③ 今日もお願いできるかしら → 今日も＋お願い＋できる＋かしら

설명 ┃ かしら는 주로 여성들이 사용하는 의문 종조사이다. 타인에 대해서
도, 자기 자신에 대해서도 사용이 가능하다.

번역 ┃ 오늘도 부탁드릴 수 있을까요?

④ あれ? 閉まっちゃった → 閉まる＋ちゃった

설명 ┃ ちゃった는 てしまった의 축약형이다. 대개의 경우, ちゃった가 접속하
지만, 飲む、飛ぶ、死ぬ와 같이 어미가 {-ぬ、-ぶ、-む}인 동사는 飲
んじゃった、飛んじゃった、死んじゃった와 같이 じゃった가 접속한다.

번역 ┃ 앗, 닫혀버렸어

연습 行く、食べる、言う

⑤ 開かないぞ → 開かない＋ぞ(종조사)

설명 ┃ ぞ는 남성이 사용하는 종조사로 의미를 강조하거나 다짐을 위해 주
로 사용된다.

번역 ┃ 안 열리네, 열리지 않구만

연습 よし行く、あぶない、来た

4) 아래의 일본어 질문에 일본어로 대답합시다.

① あるところに、何が住んでいましたか。

....

② 主人公たちは、牛乳が好きですか。

....

③ 主人公たちは、牛乳のにおいが好きですか。

....

④ 牛乳を飲みたがらない主人公たちを、誰がどこで見ていましたか。

....

⑤ 角砂糖たちはどうやって、牛乳の中に入りましたか。

....

⑥ 主人公たちには一人の友だちがいますが、それは誰ですか。

....

⑦ その友達は、誰と住んでいますか。

....

5) 이하의 단어를 인터넷에서 검색합시다.

 小熊、角砂糖、お鍋

4.2 본문을 읽고 번역하세요. (02:53～05:59)

「朝だぞ。早く起きなさい。あれ、/いないなあ。もう起きたのか」「もしもし。ああ、/おはようございます。どうしたんですか。えー、/えー。あら/まあ!」あひるさんのお父さんは/姿の見えないあひるさんが心配のあまり、/あひるさんのお友達の/三匹の小熊さんに/あひるさんを探してくれるように頼みました。「行くぞ。えいえい。オー」「オー」

三匹の小熊さんは/友達を探しに、/まずは、/探偵の犬さんの家へ、/あひるさんの捜索を頼みに行きました。「こんにちは」「誰だ?」「三匹の小熊ですけど、/お願いがあってきました」「帰れ、帰れ! こっちは風邪ひいて、/それどころじゃないんだ。ハクション!」「ええ、そこなんとか」「うるさい。じゃ、/これを貸してやるから、/それで何とかしろ!」「虫眼鏡、/こんなの役に立つの?」「何もないよりましさ。犬さんの代わりに、/ぼくらがあひるちゃんを見つけるんだ」「へえまずは現場検証だ。あひるちゃんちに行こう。アッ、/雪だ」

雪の中、/虫眼鏡片手に三匹があひるさんの家のほうへ歩いてきますと/向こうから/なにやら柔らかそうな、/むくむくしたものがやって来ました。三匹の小熊さんは/虫眼鏡で見ますと/それは雪だるまでした。「すげえ、/動いている雪だるま、/はじめて見た」「どうやって動いているの? ねえねえ」「こんにちは。ねえ君。どっから来たの? やっぱ北から?」「う、/う、/うるさい。余計なお世話だ」「この体、/溶けたらどうなるの?」「アッ、/じゃ、この虫眼鏡で。ジィー」「どうどう? 気持ちいい?」「な、/何をする。アーアッ、/

からだがへこんだじゃないか。ウーン、お前ら、/いい加減にしろ!」「ワ
アーッ。アーッ!」「おまえたち、/雪だるまの怒りをおもいしれ」「アー
アッーアー」

1) 단어의 의미를 익힙시다.

姿모습/心配걱정/頼む부탁하다/探す찾다/探偵탐정/捜索수색/ハクション기침소리)에취／貸す빌려주다/虫眼鏡돋보기/現場検証현장검증/片手한쪽 손/柔らかい부드럽다/雪だるま눈사람/余計だ쓸데없다/世話수고, 돌봄/溶ける녹다/気持ち기분/加減정도, 알맞음/探す찾다(과정)・見つける찾다(결과)

2) 연어의 의미를 익힙시다.

友だちを探す친구를 찾다/風邪ひく감기 들다/余計なお世話쓸데 없는 참견/いい加減にしろ! 작작히 해

3) 문법을 이해합시다.

① 早く起きなさい → 早く＋起きる＋なさい(명령을 나타내는 조동사)

설명ㅣなさい를 '하십시오, 하세요'로 번역하는 사람들이 많은데, 거의 명령 '하란 말이야, 해(요)'에 가깝다. 지인에게 들은 말인데, 한국의 공항 세관에서 어느 일본 관광객이 짐을 검사하는 세관원에게 かばんを開けなさい라는 말을 듣고 매우 불쾌해 했다고 한다. 인사말인 お休みなさい는 안심하고 쓸 수 있다. "일어나세요"라는 어감으로 표현하고자 할 경우, 起きてください가, "일어나십시오"의 경우는 お起きください가 적당하다.

번역ㅣ빨리 일어나요, 빨리 일어나렴

연습 勉強する、ジュースを飲む、電車に乗る、早く来る

② 心配のあまり → 心配＋の＋あまり

설명 | 전성명사＋の＋あまり의 경우, あまり는 '…한 나머지, 너무나 …하여'라는 의미를 지닌다.

번역 | 너무 걱정한 나머지, 너무나 걱정하여

연습 悲しさ、淋しさ、嬉しさ

③ 探してくれるように頼みました → 探してくれる＋ように＋頼みました

설명 | 동사의 기본형에 결합하는 ように는 간절함의 의미를 지닌다. 여기에 頼みました가 연결되면 간절한 마음으로 부탁했다라는 의미가 된다.

번역 | 찾아달라고 간절하게 부탁했습니다.

연습 お金を貸す、行かない、たばこを吸わない

④ それで何とかしろ → それで＋何とか＋しろ

설명 | しろ는 する의 명령형이다.

번역 | 그것으로 뭔가를 하려거든 해!

연습 書く、言う、食べる、飲む

4) 아래의 일본어 질문에 일본어로 대답합시다.

① あひるさんのお父さんは、主人公たちに何を頼みましたか。

....

② 主人公たちは、まず誰のところへ行きましたか。

....

③ その人は元気でしたか。

④ その人は主人公たちに、何を貸してあげましたか。

⑤ 主人公たちがあひるさんの家に行く途中、誰と出会いましたか。

5) 이하의 단어를 인터넷에서 검색합시다.

 探偵、虫眼鏡、雪だるま

4.3 본문을 읽고 번역하세요. (06:00 〜 09:09)

雪の上を走る三匹の小熊さんは/雪だらけ。しまいには雪の球になって/ころころ転がり、/ある一軒のお家の戸にぶつかって壊れました。中から無事に、/三匹の小熊さんが転がり出ました。「ブルルルーッ、やっと止まった。誰だよ。虫眼鏡で雪だるま溶かしたの?」「お前だよ」「あれ、/ここ/あひるちゃんちだ」この家は/都合の良いことに/あひるさんのお家でした。あひるさんのお父さんは、/あひるさんがまだ見つからないので/洗面器いっぱいになるくらい/涙をこぼして泣いていました。

「おじさん! 大丈夫」「あひるちゃんは、/ぼくたちが見つけるから」「だからそっちに行ってて」三匹の小熊さんは、/直ちに探偵に取りかかりまし

た。三匹は虫眼鏡で/方々を探しました。すると、/「はあ、/こんなところに
あひるちゃんの足跡が…」「この戸棚に続いているぞ。もしかして、/この中
に?」「クワー、/ヒー、/クワー」戸棚を開けますと、/のんきなあひるさん
は/ぐうぐう寝ていました。あひるさんのお父さんは/どんなに喜んだでしょ
う。「ありがとう。これは/おじさんからのお礼だよ」「ウン? これ何だ」
「どじょうだ」「ありがとう。おじさん」

　どじょうをもらった三匹は、/それを膨らまして/飛行船にして、/それに乗
り込みました。けれども、/途中で飛んできた鳥が/飛行船を口ばしでつつく
と、/「あああああ、誰か～/助けてええええ」三匹は墜落して/ある家の煙
突のなかへ落ち込みました。幸いなことに、/そこは/小熊さんのお家でした。
すすで真っ黒になってしまった小熊さんたち。「ほら! こんなに汚して、/お風
呂に入ってらっしゃい!」「エッ、やだー」「はいはい」「そんなこと言って
ると/晩ごはん、/なしにしますよ」晩ごはん抜きにされるのはたまらない/と三
匹はお風呂へ入ってしまうと、/やはりお風呂は/暖ったかくていいもんだな、/
と喜んでニコニコしています。

1) 단어의 의미를 익힙시다.

走る 달리다/雪の球 눈뭉치/ぶつかる 부딪히다/壊れる 부서지다/転がる 구르다/止まる 멈추다/溶かす 녹이다/都合 형편, 사정/見つかる 눈에 띄다/洗面器 세면기/涙 눈물/こぼす 흘리다/方々 곳곳/取りかかる 착수하다/足跡 발자국/戸棚 선반이 딸린) 장/のんきだ 태평하다, 느긋하다/どじょう 미꾸라지/膨らます 부풀리다/飛行船 비행선/途中 도중/口ばし 입주둥이/墜落 추락/煙突 굴뚝/真っ黒だ 새카맣다/汚す 더럽히다/晩ごはん 저녁밥

2) 연어의 의미를 익힙시다.

ころころ転がる 데굴데굴 구르다/涙をこぼす 눈물을 흘리다/ぐうぐう寝る 쿨쿨 자다/口ばしでつつく 주둥이로 쪼으다/都合のよいことに 타이밍 좋게/幸いなことに 다행스럽게도/どじょうを膨らます 미꾸라지를 부풀리다

3) 문법을 이해합시다.

① 雪だらけ → 雪＋だらけ(접미사)

설명 | だらけ는 명사에 연결되는 접미사로 '투성이'라는 의미를 지닌다. 유의어로 まみれ、ずくめ가 있다.

번역 | 눈투성이

[연습] 血、なみだ、どろ

② 転がり出る → 転がり＋出る

설명 | 転がり出る가 사전에 나오지 않으면 그 의미를 추적할 수밖에 없다. 프로토타입적인 의미를 대입하면 대부분 그 뜻을 알 수 있다. 転がり

出る에서 전항동사 転がる는 '구르다'의 의미이다, 出る는 '나오다, 나
가다'의 의미이다. 이 둘의 의미가 합성하면 '굴러나오다'라는 다소
거친 의미를 추출해 낼 수 있다. 이들 의미를 문맥에 맞게 잘 가공해
서 번역하면 된다.

번역 | 굴러나오다

③ 乗り込む → 乗り＋込む

설명 | 乗り込む가 사전에 나오면 다행이지만, 만약 사전에 나오지 않으면
역시 그 의미를 추적할 수밖에 없다. 込む의 프로토타입적 의미는 '들
어가다, 파고들다'이다. 따라서 乗り込む는 단순히 무엇인가를 타는 것
이 아니라 어떤 물체의 공간에 들어가서 탄다는 의미가 된다.

번역 | 미꾸라지 비행선에) 탑승하다. 落ち込む도 같은 맥락으로 번역을 해
보자.

연습 寝る、書く、思う、考える

④ 晩ごはん抜きにする → 晩ごはん＋抜き＋に(선택 조사)＋する

설명 | 抜き＋に＋する는 '뺌(제외)로 하다'는 의미이다. 抜きにする를 관용
적으로 사용하는 것이 좋다.

번역 | 저녁밥 제외로 한다. 저녁밥을 안 주겠다(여기에서는 훈육의 의미로
사용됨)

연습 牛乳、パン、砂糖、休暇

4) 아래의 일본어 질문에 일본어로 대답합시다.

① あひるさんのお父さんは、あひるさんが見つからなくてどんな状態でしたか。

....

② 主人公たちが戸棚を開けると、あひるさんは何をしていましたか。

....

③ 主人公たちはあひるさんのお父さんから、何をもらいましたか。

....

④ 主人公たちは、もらったものをどうしましたか。

....

⑤ 家に帰った主人公たちは、何をしましたか。

....

⑥ この話を聞いて何を感じましたか。

....

5) 이하의 단어를 인터넷에서 검색합시다.

e 洗面器、戸棚、飛行船、煙突、風呂

☑ 본문 내용에 맞는 문장엔 O를, 맞지 않는 문장에는 ✕를 표시하세요.

① お母さんは牛乳をお鍋に移すと気の利いている角砂糖さんは見事なダイ
  ビングで、牛乳のなかに入ってしまいました。　　　　　(　　　)

② さて、三匹の小熊さんには、一人のお友達がいます。ねこさんです。ねこさんは、お父さんと一緒に住んでいました。　　　　　　　　　（　　　）

③ あひるさんのお母さんは、姿の見えないあひるさんが心配のあまり、あひるさんのお友達の三匹の小熊さんに、あひるさんを探してくれるように頼みました。　　　　　　　　　　　　　　　　　　　　　（　　　）

④ 三匹の小熊さんは、友達を探しにまずは、探偵の犬さんの家へ、あひるさんの捜索を頼みに行きました。　　　　　　　　　　　　　（　　　）

⑤ 何もないよりましさ。犬さんの代わりに、ぼくらがあひるちゃんを見つけるんだ。　　　　　　　　　　　　　　　　　　　　　　（　　　）

⑥ 雨の中、虫眼鏡片手に、三匹があひるさんの家のほうへ歩いてきますと向こうから、なにやら柔らかそうな、むくむくしたものがやって来ました。　　　　　　　　　　　　　　　　　　　　　　　　　（　　　）

⑦ 　雪の上を走る三匹の小犬さんは雪だらけ。しまいには雪の球になってころころ転がり、ある一軒のお家の戸にぶつかって壊れました。（　　　）

⑧ あひるさんのお父さんは、あひるさんがまだ見つからないので洗面器いっぱいになるくらい涙をこぼして泣いていました。　　　　（　　　）

⑨ どじょうをもらった三匹は、それを膨らまして飛行船にして、それに乗り込みました。　　　　　　　　　　　　　　　　　　　（　　　）

⑩ けれども、途中で飛んできた鳥が飛行船を口ばしでつつくと、「あああああ、誰か助けてえええええ。」三匹は墜落してある家の煙突のなかへ落ち込みました。　　　　　　　　　　　　　　　　　　　（　　　）

Unit 5
一本のわら

楠山正雄　作
きくドラ　脚色

본문의 이해를 위해 대강의 줄거리를 파악합시다.

　유난히도 박복하여 하는 일마다 안 되는 무일푼의 청년이 절에서 관음보살님께 간절히 빌었는데 얼마 후 선몽을 통하여 관음보살님의 메시지를 전달받는다. 그 메시지란 바로 이 절에서 나가자마자 가장 먼저 손에 들어온 것을 소중히 여기라는 것이었다. 절에서 나가면서 가장 먼저 손에 들어온 것은 바로 지푸라기였다. 지푸라기를 통해 여러 사건들이 연쇄적으로 일어나면서 그 청년은 결국 부자가 되기에 이르는데, 보잘 것 없는 것이라도 소중히 여기면서 살아가다 보면 큰 복을 얻게 된다는 이야기이다. 일본인들의 정신세계를 엿볼 수 있는 소중한 이야기라고 할 수 있다.

 모르는 단어를 체크하면서 본문을 들어봅시다.

　昔、大和の国に貧乏な若者がありました。天涯孤独で何も寄る辺なくこれは観音様にお願いをするほかはないと思って、長谷寺という大きなお寺のお堂におこもりをしました。「あの若者は毎日突っ伏したきり、何も食べずにいる様子だが、あのままおいて死なれでもしたら、お寺のけがれになる」

　「もしもし。お前は一体誰に使われているものなのだ? 家のものは心配せんのか」「私のような運の悪いものを使ってくれる人はおりません。ご覧のとおり、もう幾日も何も食べてません。せめて観音様におすがり申してこの体を

どうにでもしていただこうと思うのです」「困ったものだな。うっちゃって
おくわけにもいかない」彼にも観音様にお願い申しているというのだから、
せめて食べものだけはやることにしよう」と言ってみんなで代わる代わる食べ
ものをもって行ってやりました。

　若者はとうとう二十一日の間、同じところに突っ伏したまま、一生懸命お祈
りを続けました。その明け方に若者はウトウトとしながら夢を見ました。そ
れは観音様の祀られているおとばりの中から一人のおじいさんが出て来て「お
前がこの世で運が悪いのは、みんな前の世で悪いことをした報いなんだ。な
のに観音様に愚痴を言うのは間違っている。けれども観音様は可哀想におぼし
めして少しのことならしてやろうとおっしゃるのだ。それでとにかく早くこ
こを出ていくがいい。ここを出たら、一番先に手に触ったものを拾って、そ
れはどんなにつまらないものでも大事にもっているのだ。そうすると今に運が
開けてくる。さあ、それでは早く出ていくがいい」

　若者はのそのそ起き上がって、すぐにお寺を出て行きました。するとお寺
の大門でけつまずいて「いてっ！おー？何だ。わらか。お、でも最初に手で
触ったものをもってろって言われたしな」しばらく行くと、どこからかあぶ
が一匹飛んできて、若者は払いのけながら歩いていましたが、あぶはやはり
どこまでもブンブン、ブンブンうるさく付きまとってきました。若者は我慢
できなくなってとうとうあぶを捕まえて、さっきのわらでお腹を縛って、木
の枝の先へくくり付けてもっていきました。

　すると、向こうから身分の高そうな女の人が牛車に乗って通りかかり、一緒

に小さな男の子が乗っていました。「アーッ、あれいいな。あれ、あれ。あれをおくれよ。あれをおくれよ」「はッ、お待ちくだされ。おー、これこれ。そこの若者。若様がそのブンブン言うものをほしいとおっしゃるから、気の毒だが、差し上げてくれないか」「これはせっかく仏様からいただいたものですが、そんなにほしいとおっしゃるなら、おあげましょう」「まあ、それは申し訳ないわね。では、その代わりにこれをあげましょう。のどが渇いたでしょう。おあがり」「おやおや、一本のわらが大きなみかん三つになった」

　すると、また向こうから一つ牛車が来ました。今度は前のよりも一層身分の高い人と見えて大勢の侍や召使の女などがお供についていました。すると、そのお供の女の一人がすっかり歩きくたびれて「あ、もう一歩も歩けないわ」そのまま真っ青な顔をして往来に倒れこみました。侍たちはびっくりしてどこかに水がないかと慌てて探し回り、そこへ若者がのそのそ通りかかりますと、「もし、もし、お前さん。この近所に水の出るところを知りませんか」「あ、そうですね。まあ、この辺りには水の湧いているところはないでしょうが、一体どうなさったのです?」「ほら、あの通り暑さに当たって死にそうになっている人がいるのです」「おやおや、それは気の毒ですね。では、これを召し上がってはいかがでしょう」

　若者はそう言ってみかんを三つとも出してやりました。早速、その女に汁を吸わせますと、女はやっと元気がついて「まあ、私はどうしたというのでしょう? あ、あなたが…。ありがとうございます。もし、このお方がいな

かったら、私はここで死んでしまうところでした。どんなお礼でもしてあげたいところだけれど、道中ではどうすることもできません。これを…」「おやおや、みかん三つが布三反になった」

　そのあくる日、若者はまた昨日のように、あてもなく歩いて行きました。すると、お昼近くに向こうから大層立派な馬に乗った人が二三人のお供を連れて、得意気にやってきました。「やあ、いい馬だな。ああいうのが千両馬というのだろう」馬は若者の前で、不意にバッタリ倒れて、そのままそこで死んでしまいました。乗り手は泣き出しそうな顔をしながら、近所の百姓馬を借りて、しおしおと帰って行きました。さっきからこの様子を見ていた若者は馬の始末に一人残された下男のそばに近づいて「もし、もし、その馬はどうしたのです。大層立派ないい馬ではありませんか」「え？これは大金を出して、はるばる陸奥の国から取り寄せた馬で、それが死んでしまっては、元も子もありません。まあ、皮でもはいで売ろうかと思うのですが、旅の途中ではそれもできないし…」「それはお気の毒ですね。では、馬は私が引き受けて、何とか始末してあげますから、私に譲ってくださいませんか。その代わりにこれをあげましょう」

　「あ、死んだ馬が布一反になればもうけものか。わかりました。では、お譲りします」下男は先に行った人たちに追いつこうと、さっさとかけて行ってしまいました。若者は下男の姿が遠くに見えなくなるまで見送りました。それから、水で手を清めて長谷寺の観音様の方に向いて手を合わせながら「どうぞ、この馬を元の通り生かしてくださいまし」そうすると、死んでいた馬が

ふと目を開けて、やがてムクムク起き上がりました。若者は大層喜んで、早速水を飲ませたり、食べものをやったりするうちにすっかり元気がもどり、シャンシャン歩き出しました。若者は布一反で手綱とくつわを買って、馬に付けますと早速それに乗って、またズンズン歩いていきました。

　何日か経って、京都近くまで来ますと一軒の家で、ガヤガヤ騒いでおりました。どうやら、どこか遠方への旅支度の準備をしているようです。どうせ馬をもっててもしょうがないので若者は「もしもし、もしもし。安くしておきますから、この馬を買ってくださいませんか」「なるほど。それはありがたいですが、さしあたりお金がない。その代わり田とお米を分けてあげるから、それと取り換えてもらえるのであれば。ウン、では馬を拝見しましょう。どれどれ? おー、これは素晴らしい馬だ。ついでにこの家もお前さんにあずげるから遠慮なく住んでください。私たちは遠方へ行って暮らさなければなりません。まあ、また帰って来れたら、その時返してもらえばいい」

　若者は言われるままに、その家に住みました。それからというものは、風で塵を吹き溜めるように、どんどんお金がたまって、とうとう大金持ちになりました。家を預けて行った人もそのまま幾年経っても帰ってきませんでしたから、家もとうとう自分のものになりました。しばらくして若者はいいお嫁さんをもらって、子供や孫がたくさん出来ました。そして賑やかな面白い一生を送るようになりました。一本のわらがとうとうこれだけの福運をかき寄せてくれたのです。

＜終り＞

↘ 5.1 본문을 읽고 번역하세요. (～03:15)

　昔、/大和の国に/貧乏な若者がありました。天涯孤独で/何も寄る辺なく/これは観音様にお願いをするほかはないと思って、/長谷寺という/大きなお寺のお堂に/おこもりをしました。「あの若者は/毎日突っ伏したきり、/何も食べずにいる様子だが、/あのままおいて死なれでもしたら、/お寺のけがれになる」

　「もしもし。お前は一体誰に使われているものなのだ? 家のものは心配せんのか」「私のような/運の悪いものを使ってくれる人は/おりません。ご覧のとおり、/もう幾日も何も食べてません。せめて/観音様におすがり申して/この体を/どうにでもしていただこうと思うのです」「困ったものだな。うっちゃっておくわけにもいかない」彼にも/観音様にお願い申しているというのだから、/せめて/食べものだけはやることにしよう」と言って/みんなで/代わる代わる/食べものをもって行ってやりました。

　若者はとうとう/二十一日の間、/同じところに突っ伏したまま、/一生懸命お祈りを続けました。その明け方に/若者はウトウトとしながら/夢を見ました。それは/観音様の祀られているおとばりの中から/一人のおじいさんが出て来て/「お前がこの世で運が悪いのは、/みんな前の世で悪いことをした報いなんだ。なのに/観音様に愚痴を言うのは間違っている。けれども/観音様は可哀想におぼしめして/少しのことならしてやろうとおっしゃるのだ。それでとにかく/早くここを出ていくがいい。ここを出たら、/一番先に手に触ったものを拾って、/それはどんなにつまらないものでも/大事にもっているのだ。そうす

ると/今に運が開けてくる。さあ、/それでは/早く出ていくがいい」

1) 단어의 의미를 익힙시다.

大和_{やまと}지방 이름, 일본의 옛이름/貧乏_{びんぼう}だ가난하다/天涯孤独_{てんがいこどく}천애고아/寄_よる辺_べ의지할 곳/観音様_{かんのんさま}관음보살/長谷寺_{はせでら}하세데라/突_つっ伏_ぶす푹 엎드리다/けがれ오점/一体_{いったい}도대체/心配_{しんぱい}걱정, 염려/運_{うん}운/幾日_{いくにち}며칠/願_{ねが}う부탁하다/申_{もう}す言う의 겸양어)아뢰다/代_かる代_がる돌아가며 교대하다/祈_{いの}る기도하다/一生懸命_{いっしょうけんめい}に열심히/明_あけ方_{がた}새벽녘/祀_{まつ}る제사지내다, 모시다/報_{むく}い보답, 대갚음/愚痴_{ぐち}푸념/間違_{まちが}う틀리다/おぼしめす思う의 존경어/拾_{ひろ}う줍다

2) 연어의 의미를 익힙시다.

寄る辺なく의지할 곳 없이/おこもりをする일정 기간 어느 곳에 들어가 숨다, 두문불출하다/運が悪い운이 나쁘다/お祈り続ける계속해서 기도하다/夢を見る꿈을 꾸다/愚痴を言う푸념을 하다/運が開ける운이 열리다

3) 문법을 이해합시다.

① 観音様にお願いをするほかはないと思って

→ 観音様にお願いをする＋ほか＋は＋ない＋と思って

설명 | 동사의 기본형＋ほか＋は＋ない∼하는 것 외에는 없다는 의미로 문제 해결책으로 한 가지밖에 없다는 것을 강조하는 표현이다.

번역 | 관음보살님에게 비는 것 외에는 다른 방법이 없다고 생각하여

연습 直接うかがう、手紙を書く、一生懸命勉強する

② あの若者は毎日突っ伏したきり → あの若者は毎日突っ伏す＋た＋きり

설명 | 동사의 과거형에 접속된 きり는 특정한 동작 외에는 전혀 하지 않았

다는 것을 나타낸다. …채

번역 | 그 젊은이는 매일 바짝 엎드린 채

[연습] 去年会う、森に入る、数学を習う、朝食を食べる

③ あのままおいて死なれでもしたら

　→ あのまま＋おく＋て＋死ぬ＋수동형＋でも＋する＋たら

설명 | 死なれる는 간접수동의 의미를 지닌다. 누군가가 죽는 것에 의해 그
　　　피해가 당사자가 아닌 다른 사람에게 미친다는 것을 묘사한다.

번역 | 그대로 두어 죽기라도 한다면

[연습] 人の前で笑う、本を捨てる、(彼女の)髪を切る、子供をしかる

④ 家のものは心配せんのか　→ 家のものは＋心配する＋ない＋の＋か

설명 | 心配せん은 心配しない의 축약형이다. 표준어체는 아니다. 중년 남성
　　　들이 주로 사용함.

번역 | 집 식구들은 걱정하지 않는가?

[연습] ご飯を食べる、学校に行く、駅で待つ

⑤ もう幾日も何も食べてません　→ もう幾日＋も＋何も＋食べて＋ません

설명 | 食べてません은 食べていません의 축약형이다. 食べていません은 직
　　　역하면 "먹고 있지 않습니다."가 되는데, "먹지 않았습니다."로 번역
　　　하는 것이 자연스럽다. 그런데 "먹지 않았습니다."로 번역하면 이것
　　　은 食べませんでした의 번역도 되고, 食べていません의 번역도 된다.
　　　食べませんでした은 지금은 밥을 먹었지만, 과거, 예를 들어 아침밥
　　　은 먹지 않았다는 것이고, 후자의 食べていません은 아침부터 지금까

지 밥을 먹지 않은 상태가 계속 지속되고 있다는 것을 의미한다.

번역 | 벌써 며칠이나 아무 것도 먹지 않았습니다.

【연습】 結婚する、映画を見る、風邪がなおる、電話する、部屋を掃除する

⑥ どうにでもしていただこうと思うのです

→ どうに＋でも＋して＋いただく의 의지형＋と＋思う＋の＋です

설명 | いただく는 もらう의 겸양어이다. いただく의 의지형 いただこう는
직역하면 "받겠다."는 의미이다.

번역 | 직역하면 "어떻게라도 해 받으려고 생각하는 것입니다."이다. 의역하
면 "어떻게든 제 기도를 들어달라고 간청하는 것입니다."이다.

⑦ うっちゃっておくわけにもいかない

→ うっちゃっておく(손을 대지 않고 내버려두다)＋わけ＋に＋も＋いく＋ない

설명 | 동사의 기본형＋わけにはいかない는 도리가 아님을 나타내는 표현이다.

번역 | 그대로 내버려 둘 수도 없다.

【연습】 このまま死ぬ、約束を破る、まだ寝る、他人から盗む、放っておく

⑧ お願い申しているというのだから

→ お願い＋申して＋いる＋と＋いう＋の(강조)＋だから

설명 | 申す(아뢰옵다)는 言う(말하다)의 겸양어이다.

번역 | 직역하면 "부탁 말씀드린다고 하는 것이므로"이다. 의역하면 "관음보
살님에게)간절히 기도드린다고 하니까"

⑨ 同じところに突っ伏したまま → 同じところに＋突っ伏す＋た＋まま

설명 | 동사의 과거형에 접속되는 まま는 특정한 동작이 계속해서 지속되는

상태임을 나타내는 표현이다.

번역 | 같은 곳에 푹 엎드린 채

연습 眼鏡をかける、テレビをつける、髪が濡れる、客を乗せる、コンタク
トレンズをつける

⑩ みんな前の世で悪いことをした報いなんだ

→ みんな前の世で悪いことをした＋報い＋なん(강조)＋だ

설명 | なん은 의미를 강조하는 용법을 지니며 명사와 な형용사에만 접속한
다. 같은 강조의 의미를 지니는 ん은 동사(활용형), い형용사(활용형)
에 접속한다.

번역 | 모두 전생에 나쁜 짓을 한 과보인 거야.

연습 学生だ、先生だ、不便だ、親切だ

4) 아래의 일본어 질문에 일본어로 대답합시다.

① 昔どんなところに、どんな若者がありましたか。

....

② 若者は何のために、長谷寺へ行きましたか。

....

③ 長谷寺のお坊さんたちは、若者をどうしましたか。

....

④ 若者は観音様に、何日間お祈りしましたか。

....

⑤ 夢の中のおじいさんは、どうして若者の運がこの世で悪いと言いましたか。

....

5) 이하의 단어를 인터넷에서 검색합시다.

大和、観音様、長谷寺

5.2 본문을 읽고 번역하세요. (03:16～05:07)

　若者はのそのそ起き上がって、/すぐにお寺を出て行きました。すると/お寺の大門でけつまずいて/「いてっ！おー？何だ。わらか。お、/でも最初に/手で触ったものをもってろって言われたしな」しばらく行くと、/どこからかあぶが一匹飛んできて、/若者は払いのけながら歩いていましたが、/あぶはやはり/どこまでもブンブン、/ブンブンうるさく付きまとってきました。若者は我慢できなくなって/とうとうあぶを捕まえて、/さっきのわらでお腹を縛って、/木の枝の先へ/くくり付けて/もっていきました。すると、/向こうから/身分の高そうな女の人が/牛車に乗って通りかかり、/一緒に小さな男の子が乗っていました。

　「アーッ、あれいいな。あれ、あれ。あれをおくれよ。あれをおくれよ」「はッ、/お待ちくだされ。おー、/これこれ。そこの若者。若様が/そのブンブン言うものをほしいとおっしゃるから、/気の毒だが、/差し上げてくれないか」「これは/せっかく仏様からいただいたものですが、/そんなにほしいと

おっしゃるなら、/おあげましょう」「まあ、/それは申し訳ないわね。では
その代わりに/これをあげましょう。のどが渇いたでしょう。おあがり」「お
やおや、/一本のわらが/大きなみかん三つになった」

1) 단어의 의미를 익힙시다.

のその소동작이 굼뜬 모양)느릿느릿/(けつまずく돌에)채어 넘어지다, 비틀거리다/触る만지다/払いのける뿌리치다/うるさい시끄럽다/付きまとう귀찮게 달라붙다/我慢참음/捕まえる붙잡다/縛る묶다/木の枝나뭇가지/くくり付ける묶어매달다/牛車소가 끄는 수레/通りかかる지나가다/若様도련님/気の毒だ딱하다/差し上げる上げる의 높임말/仏様부처님/おら나/みかん밀감

2) 연어의 의미를 익힙시다.

手で触る손으로 만지다/のその소起き上がる느릿느릿 일어서다/うるさく付きまとう시끄럽게 따라다니다/我慢する인내하다, 참다/あぶを捕まえる등에를 붙잡다/お腹を縛る배를 묶다/木の枝の先へくくり付ける나무가지 끝에 묶어 매달다/身分が高い신분이 높다/喉が渇く목이 마르다

3) 아래의 일본어 질문에 일본어로 대답합시다.

① 若者がお寺を出て行き、最初に手につかんだものは何ですか。

......

② 若者に飛んできたものは何ですか。

......

③ 若者はそれをどうしましたか。

......

④ それをみた小さな男の子は、何を言いましたか。

......

⑤ 若者は何をもらいましたか。

....

5) 이하의 단어를 인터넷에서 검색합시다.

e   若様、牛車、仏様

5.3 본문을 읽고 번역하세요. (05:08~07:10)

すると、/また向こうから一つ/牛車が来ました。今度は前のよりも/一層身分の高い人と見えて/大勢の侍や/召使の女などが/お供についていました。すると、/そのお供の女の一人が/すっかり歩きくたびれて/「あ、/もう一歩も歩けないわ」そのまま真っ青な顔をして/往来に倒れこみました。侍たちはびっくりして/どこかに水がないかと/慌てて探し回り、/そこへ若者がのそのそ通りかかりますと、/「もし、/もし、/お前さん。この近所に/水の出るところを知りませんか」「あ、/そうですね。まあ、/この辺りには水の湧いているところはないでしょうが、一体/どうなさったのです?」「ほら、/あの通り暑さに当たって/死にそうになっている人がいるのです」「おやおや、/それは気の毒ですね。では、/これを召し上がっては/いかがでしょう」

若者はそう言って/みかんを三つとも出してやりました。早速、その女に汁を吸わせますと、/女はやっと元気がついて/「まあ、/私は/どうしたというのでしょう?あ、/あなたが…。ありがとうございます。もし、/このお方がい

なかったら、/私はここで死んでしまうところでした。どんなお礼でもしてあ

げたいところだけれど、/道中では/どうすることもできません。これを…」

「おやおや、/みかん三つが/布三反になった」

1) 단어의 의미를 익힙시다.

一層^{いっそう} 한층/身分^{みぶん} 신분/大勢^{おおぜい} 많은 사람/侍^{さむらい} 사무라이/召使^{めしつかい} 하인/歩^{ある}きくたびれる 걸어 지치다/真^まっ青^{さお}だ 새파랗다/往来^{おうらい} 왕래/びっくりする 깜짝 놀라다/慌^{あわ}てる 당황하다/捜^{さが}し回^{まわ}る 찾아 돌아다니다/近所^{きんじょ} 근처/湧^わく 솟아오르다/汁^{しる} 즙, 국물/召^めし上^あがる 食べる의 높임말) 드시다/布^{ぬの}三反^{さんたん} 천 세필/元気^{げんき}がつく 힘이 붙다(나다)

2) 연어의 의미를 익힙시다.

真^まっ青^{あお}な顔^{かお}をする 새파랗게 질린 얼굴을 하다/すっかり歩^{ある}きくたびれる 걸어서 완전히 녹초가 되다/びっくりする 깜짝 놀라다/慌^{あわ}てて探^{さが}し回^{まわ}る 허둥대며 찾으러 돌아다니다/のそのそ通^{とお}りかかる 어슬렁거리며 지나가다/水^{みず}が出^でる 물이 나오다/水^{みず}が湧^わく 물이 솟아오르다/暑^{あつ}さに当^あたる 더위를 먹다/汁^{しる}をすう 즙을 빨다/元気^{げんき}がつく 건강해지다/お礼^{れい}をする 답례를 하다

3) 문법을 이해합시다.

① 歩^{ある}きくたびれる → 歩^{ある}き＋くたびれる

설명 | 만약 歩きくたびれる가 사전에 나오지 않는다면 歩き＋くたびれる로 분해해서 그 의미를 추적하면 된다. 즉 걷다의 의미를 지닌 歩く와 지치다의 의미를 지닌 くたびれる가 결합하여 복합동사가 된 것으로 보면 된다.

번역 | 걸어 녹초가 되다.

② 倒^{たお}れこむ → 倒^{たお}れ＋こむ

설명Ⅰ倒れこむ가 사전에 나오지 않는다면 마찬가지로 倒れ＋こむ로 분해
해서 그 의미를 추적하면 된다. 倒れる는 쓰러지다는 의미이고, こむ
는 '파고들다, 골똘히 무엇인가를 하다'는 의미를 지닌다. 따라서 倒れ
こむ는 쓰러진 정도가 매우 심각하다는 의미를 나타내는 것으로 생
각하면 된다.

번역Ⅰ몸을 가누지 못할 정도로) 쓰러지다, 쓰러져 꼼짝도 못하다.

③ 暑さ → 暑い의 어간＋さ(접미사)

설명Ⅰい형용사의 어간에 접속되는 さ는 형용사를 명사로 전성하는 접미사
이다. 따라서 い형용사를 많이 외우고 있을수록 풍부한 어휘력 지닐
수 있다.

번역Ⅰ더위

[連習] 大きい、寒い、広い、明るい、深い

④ 探し回る → 探し＋回る

설명Ⅰ探し回る가 사전에 나오지 않으면 마찬가지로 探し＋回る로 분해해
서 그 의미를 추적하면 된다. 전항동사 探す는 '찾다'는 의미이고, 후
항동사 回る는 '돌다'라는 뜻이다.

번역Ⅰ찾으러 돌아다니다

[連習] 歩く、走る、動く、見る、調べる

⑤ 水の湧いているところ → 水＋の＋湧いている＋ところ

설명Ⅰ水の湧いているところ의 구조를 보면 水の湧いている가 ところ를 수
식하는 구조임을 알 수 있다. 이 경우 격조사 の는 '-가, -이'의 의미

를 나타낸다.

번역 | 물이 솟아나고 있는 곳.

연습 住む町、通う教会、好きな歌

⑥ 死にそうになっている人

　　→ 死ぬの ます형＋そうだ의 연용형＋なっている＋人

설명 | 동사의 ます형에 접속하는 そうだ는 거의 확실한 추측을 나타낸다.

번역 | 직역하면 "죽을 것 같이 되어 있는 사람."이지만 부자연스럽다. "곧
　　　죽을 것 같은 사람"

⑦ 元気がつく → 元気が＋つく

설명 | つく의 기본적 의미는 '붙다'이다. 元気がつく를 직역하면 "건강이 붙
　　　다."이다. つく의 이 기본적인 의미만 알면 다양한 의미를 모두 추적
　　　할 수 있다.

번역 | 건강해지다

연습 条件がつく、傷がつく、身につく、気がつく、席につく、看護師がつ
　　　く、食欲がつく、火がつく、決心がつく

⑧ 死んでしまうところでした → 死んでしまう＋ところ＋でした

설명 | 동사의 현재형에 접속하는 ところ는 어떤 동작이 행해지기 직전을
　　　의미한다. 미실현의 상태를 나타냄. 막 …하려던 참이다. 동사의 과거
　　　형에 접속하는 ところ는 어떤 행위가 행해진 직후를 의미한다.

번역 | 죽어버릴 참이었습니다. 죽을 뻔 했습니다.

연습 酒を飲む、電話する、学校へ行く

4) 아래의 일본어 질문에 일본어로 대답합시다.

　① お供の女の人は、どうなりましたか。

　...

　② 侍たちは、何を探しましたか。

　...

　③ 若者は侍たちに、何を上げましたか。

　...

　④ 若者があげたものを飲んだ女の人はどうなりましたか。

　...

　⑤ 若者はお供の女の人から、何をもらいましたか。

　...

5) 이하의 단어를 인터넷에서 검색합시다.

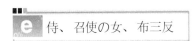

　侍、召使の女、布三反

📥 **5.4 본문을 읽고 번역하세요.** (07:11～09:54)

　そのあくる日、/若者はまた昨日のように、/あてもなく歩いて行きました。すると、/お昼近くに向こうから/大層立派な馬に乗った人が/二三人のお供を連れて、/得意気にやってきました。「やあ、/いい馬だな。ああいうのが/千両馬というのだろう」馬は若者の前で、/不意にバッタリ倒れて、/そのままそこ

で死んでしまいました。　乗り手は泣き出しそうな顔をしながら、/近所の百姓馬を借りて、/しおしおと帰って行きました。　さっきからこの様子を見ていた若者は/馬の始末に/一人残された下男のそばに近づいて/「もし、/もし、/その馬は/どうしたのです。大層立派な/いい馬ではありませんか」「え？これは大金を出して、/はるばる陸奥の国から取り寄せた馬で、/それが死んでしまっては元も子もありません。　まあ、/皮でもはいで売ろうかと思うのですが、/旅の途中ではそれもできないし…」「それはお気の毒ですね。では、/馬は私が引き受けて、/何とか始末してあげますから、/私に譲ってくださいませんか。その代わりに/これをあげましょう」

　「あ、死んだ馬が布一反になればもうけものか。わかりました。では、/お譲りします」下男は先に行った人たちに追いつこうと、/さっさとかけて行ってしまいました。　若者は下男の姿が遠くに見えなくなるまで見送りました。それから、/水で手を清めて/長谷寺の観音様の方に向いて/手を合わせながら/「どうぞ、この馬を/元の通り/生かしてくださいまし」そうすると、/死んでいた馬が/ふと目を開けて、/やがてムクムク起き上がりました。　若者は大層喜んで、/早速水を飲ませたり、/食べものをやったりするうちに/すっかり元気がもどり、/シャンシャン歩き出しました。　若者は布一反で/手綱と/くつわを買って、/馬に付けますと/早速それに乗って、/またズンズン歩いていきました。

1) 단어의 의미를 익힙시다.

あくる日이튿날/大層(たいそう)매우, 굉장함/得意気(とくいげ)만족함, 자랑스러움/不意(ふい)に갑자기/バッタリ갑자기 쓰러지는 모양)푹, 털썩/倒(たお)れる쓰러지다, 넘어지다/乗(の)り手(て)탄사람/泣(な)き出(だ)す갑자기)울기 시작하다/しおしお맥없이, 풀이 죽어/馬(うま)の始末(しまつ)말 처리/下男(げなん)남자 하인/大金(たいきん)큰돈/陸奥(むつ)옛 지방 이름/取(と)り寄(よ)せる가까이 끌어당기다/引(ひ)き受(う)ける인수하다/譲(ゆず)る물려주다, 양보하다/追(お)いつく따라잡다/見送(みおく)る배웅하다/生(い)かす살리다/ふと문득/やがて마침내, 이윽고/ムクムク몸을 일으키는 모양)벌떡/起(お)き上(あ)がる일어나다, 早速(さっそく)곧, 즉시, 바로/シャンシャン건강하고 날렵한 모양/得意気(とくいげ)にやってくる의기양양하게 다가오다/手綱(たづな)고삐/くつわ재갈/ズンズン척척

2) 연어의 의미를 익힙시다.

あてもなく歩く정처없이 걷다/得意気にやってくる득의양양하게 다가오다/バッタリ倒れる푹 쓰러지다/しおしおと帰る풀이 죽어 돌아가다/大金を出す큰돈을 내다/馬を引き受ける말을 인수하다/馬を譲る말을 양도하다/手を清める손을 깨끗이 하다/手を合わせる합장하다/元も子もない원금도 이자도 없다(모두 다 잃다)/ふと目を開ける갑자기 눈을 뜨다/ムクムク起き上がる벌떡 일어나다/元気が戻る건강이 돌아오다(회복되다)/ズンズン歩く척척 걷다/シャンシャン歩き出す척척 걸어 나가기 시작하다/元気がもどる건강을 회복하다

3) 문법을 이해합시다.

① 泣き出す → 泣き＋出す

泣き出す가 사전에 나오지 않으면 泣く＋出す로 분해하여 의미를 추적하면 된다. 出す는 '내다'와 '(갑자기)시작하다'의 의미를 지닌다. 비슷한 의미로 始める라는 동사가 있는데, 이 동사는 일정한 절차를 거쳐 시작한다는 의미를 지닌다. 갑자기 울음을 터트리는 것이 일반적이기 때문에 泣き出す가 주로 사용되며, 泣き始める는 거의 사용되지 않는다. 그러나 動き出す와 動き始める는 양립해서 사용할 수 있다. 歩き出す도 泣き出す와 같은 동종의 설명이 가능하다.

② 元の通り → 元＋の＋通り

설명 | 通り는 도로, 왕래, 통행을 의미하지만, 명사(동사)에 연결되어 동일한 상태의 의미를 나타내기도 한다. ～대로

번역 | 원래대로

연습 私の言う、予想する、今までの、予想

4) 아래의 일본어 질문에 일본어로 대답합시다.

① 若者がみた立派な馬は、何の馬でしたか。

....

② その馬は若者の前で、どうなりましたか。

....

③ その馬に乗っていた人はどんな様子で、何をして帰って行きましたか。

....

④ 馬の始末のために、誰がついていましたか。

....

⑤ 旅の途中では、馬の皮をはいで売ることができますか。

....

⑥ 若者は死んだ馬を、布何反で買いましたか。

....

⑦ 若者は長谷寺の観音さまに、何をお祈りしましたか。

....

⑧ 若者は布一反で、ほかに何を買いましたか。

....

5) 이하의 단어를 인터넷에서 검색합시다.

千両馬、百姓馬、下男、陸奥の国、手綱、くつわ

5.5 본문을 읽고 번역하세요. (09:55～11:49)

　何日か経って、/京都近くまで来ますと/一軒の家で、/ガヤガヤ騒いでおりました。 どうやら、/どこか遠方への/旅支度の準備をしているようです。 どうせ馬をもっててもしょうがないので/若者は/「もしもし、/もしもし。 安くしておきますから、/この馬を買ってくださいませんか」「なるほど。 それはありがたいですが、/さしあたりお金がない。 その代わり/田とお米を分けてあげるから、/それと取り換えてもらえるのであれば。 ウン、/では/馬を拝見しましょう。 どれどれ? おー、/これは素晴らしい馬だ。 ついでに/この家もお前さんにあずけるから/遠慮なく住んでください。 私たちは遠方へ行って暮らさなければなりません。 まあ、/また帰って来れたら、/その時/返してもらえばいい」

　若者は言われるままに、/その家に住みました。 それからというものは、/風で塵を吹き溜めるように、/どんどんお金がたまって、/とうとう/大金持ちになりました。 家を預けて行った人も/そのまま幾年経っても/帰ってきませんでしたから、/家もとうとう自分のものになりました。 しばらくして/若者は/いいお嫁さんをもらって、/子供や孫がたくさん出来ました。 そして/賑やかな面白い一生を/送るようになりました。 一本のわらが/とうとう/これだけの福運を/かき寄せてくれたのです。

1) 단어의 의미를 익힙시다.

京都_{きょうと}교토/一軒_{いっけん}한 채/ガヤガヤ와글와글/騒_{さわ}ぐ술렁거리다, 떠들다/どうやら아무래도,
어쩐지/遠方_{えんぽう}먼곳/旅支度_{たびじたく}여행채비/準備_{じゅんび}준비/その代_かわりユ 대신에/取_とり換_かえる교환하
다/拝見_{はいけん}見る의 겸손어/素晴_{すば}らしい훌륭하다/ついでに하는 김에, 내친 김에/遠慮_{えんりょ}사양/
塵_{ちり}먼지/嫁_{よめ}색시/子供_{こども}아이/孫_{まご}손자/一生_{いっしょう}일생/送_{おく}る보내다/かき寄_よせる긁어모으다

2) 연어의 의미를 익힙시다.

何日か経つ며칠인가 지나다/ガヤガヤ騒ぐ와자지껄 시끌벅적하다/しょうがない하
는 수 없다/お米を分けてあげる쌀을 나누어주다/家をあずける집을 맡기다/遠慮な
く사양 말고/塵を吹き溜める먼지가 바람에 날려 쌓이다/お金がたまる돈이 쌓이다/
子供ができる아이가 생기다/一生を送る일생을 보내다/福運をかき寄せる복운을 긁
어모으다/お嫁さんをもらう신부를 얻다

3) 문법을 이해합시다.

① 取り換えてもらえるのであれば

→ 取り換えて＋もらう의 가능형＋の＋であれば

설명 | もらう에 대응하는 동사는 한국어에 존재하기는 하지만, 동사의 て형
에 연결된 もらう에 대응하는 동사는 한국어에는 없다. 한국어에는
〜てくれる에 대응하는 "〜해주다."가 자연스러우므로 取り換えてく
れるのであれば로 생각해서 번역하는 것이 좋다. 그러나 取り換えて
もらえるのであれば는 "상대방이 화자에게 호의를 가지고) 교환해

주는 것이라면"이라는 뜻이 작용하는 반면, 取り換えてくれるのであ
れば는 "화자의 의지를 상대방이 받아들여) 교환해 주는 것이라면"이
라는 뜻이 있으므로 주의를 요한다. 返してもらえばいい도 동일한 맥
락으로 설명할 수 있다.

② それからというものは/そして しまう 쭈욱

③ 吹き溜める → 吹く＋溜める

설명ㅣ吹き溜める가 사전에 나오지 않으면 吹く＋溜める로 분해하여 그 의
미를 추적하면 된다. 전항 동사 吹く는 '바람이)불다'＋溜める '모으
다, 저축하다'는 뜻이다.

번역ㅣ바람이 불어 자그마한 것들이)쌓이다. 티끌이 모여 태산이 된다.

[연습] 書き溜める

4) 아래의 일본어 질문에 일본어로 대답합시다.

① 京都近くのある一軒の家の人たちは、何の支度をしていましたか。

....

② 遠方へ行った人たちは、数年後帰ってきましたか。

....

③ その家は、誰のものになりましたか。

....

④ 若者は金持ちになりましたか。

....

⑤ 若者は結婚しましたか。

....

⑥ 子供はいましたか。

....

⑦ この話を聞いて何を感じましたか。

....

5) 이하의 단어를 인터넷에서 검색합시다.

京都、 旅支度、 反

📝 본문 내용에 맞는 문장엔 ○를, 맞지 않는 문장에는 ×를 표시하세요.

① 天涯孤独で何も寄る辺なくこれは、 観音様にお願いをするほかはないと

思って、 長谷寺という大きなお寺のお堂におこもりをしました。

( )

② 私のような運の悪いものを使ってくれる人はおりません。 ご覧のとお

り、 もう幾日も何も食べてません。 ( )

③ 彼にも観音様にお願い申しているというのだから、 せめて食べものだけ

はやることにしよう。 ( )

④ 若者はとうとう二十一日の間、 同じところに突っ伏したまま、 一生懸命

お祈りを続けました。 ( )

⑤ お前がこの世で運がいいのは、みんな前の世で悪いことをした報いなんだ。

（　　　）

⑥ ここを出たら、一番最初に手に触ったものを拾って、それはどんなにつ

まらないものでも大事にもっているのだ。　　　　　　　（　　　）

⑦ すると、向こうから身分の高そうな男の人が、馬車に乗って通りかか

り、一緒に小さな男の子が乗っていました。　　　　　（　　　）

⑧ 今度は前のよりも一層身分の高い人と見えて大勢の侍や、召使の男など

がお供についていました。　　　　　　　　　　　　　（　　　）

⑨ 牛は若者の前で、不意にバッタリ倒れて、そのままそこで死んでしまい

ました。　　　　　　　　　　　　　　　　　　　　　（　　　）

⑩ 乗り手は泣き出しそうな顔をしながら、近所の百姓馬を借りて、しおし

おと帰って行きました。　　　　　　　　　　　　　　（　　　）

Unit 6

天狗に気に入られた男

昔話・きくドラ 脚色

수행자 차림새를 한 사나이가 어느 날 음식점에서 메밀국수를 먹었는데 그 맛이 너무나도 일품이어서 그 사나이는 그 답례로 음식점 주인에게 예쁜 아가씨를 주선하고 게다가 많은 돈을 주었다. 그러나 그 아가씨가 에도에서 그 사나이에게 납치된 사실을 안 음식점 주인은 그 아가씨를 고향으로 돌려보낸다. 또 음식값으로 받은 돈이 터무니없이 많은 사실을 확인한 그 청년은 이 사실을 관가에 알리게 이른다. 그런데 음식점 주인은 관가의 관리로부터 뜻밖의 사실을 듣게 되는데...

 모르는 단어를 체크하면서 본문을 들어봅시다.

　昔々、静岡の大きな川の渡し場のそばに、一軒の小さな茶店がありました。その茶店に山伏姿の背の高い男がやってきて、注文したおそばをうまそうに食べると、茶店の主人三五郎に言いました。「はあ、こんなにうまいそばを食べたのははじめてだ」「それは、ありがとうございます」「して、あんたはまだ一人者だね。なぜ嫁さんをもらわんのじゃ。これからわしは江戸へ行くが、江戸に何人もよい娘を知っておる。帰りによい娘を連れてきてやるから夫婦になりなさい。では。代金はこちらにおくぞ」「はあ、嫁さんか」

　それからしばらく経ったある日、あの山伏姿の男が本当に若い娘を連れて

やってきたのです。娘は恥ずかしいのか、下を向いたままで、全く顔を上げません。「主人よ。これはほんの土産じゃ。よいか。夫婦というものは、どんな時でも仲むつまじくなければならん。決して喧嘩なんぞするなよ。それではわしはちょっとそこまで行ってくる」

　「あ、とにかくお茶でもどうぞ。江戸からでは大変じゃったろう。疲れておるなら、二階で一休みするとよい」「はあ、ウッウッウッ、ヒック！あれ？ここは？ここはどこですか？あなたはどなたですか」「えっ？」互いに驚きながらも三五郎はとにかく娘の気を落ち着かせると、これまでのことを話しました。すると娘は「ああ、きっとあの南天の実のような赤い薬だわ。私、江戸に住んでるんですけど、橋のたもとで急に気分が悪くなったのです。そしたら山伏姿の背の高い男がやってきて「これは飲めばたちまち元気になる薬じゃ。すぐに飲みなさい」と言って、私に赤い薬を一粒くれました。それを飲むととてもよい気分になってしまって。その後は気がついたらここにいて、お茶を飲んだらしゃっくりが出て正気に戻ったのです」

　娘は三五郎に礼を言って、すぐに江戸へ戻って行きました。一人残された三五郎は、山伏姿の男が土産だとおいて行った風呂敷包みを開けてみました。「ひ、ふ、ひ、ふ、み、よ、いつ、む、なな、や、全部で六十両？」三五郎は怖くなって、すぐに役人に届け出ました。「あ、またですか」「あ、また？」「え、お前さんで何人目だろうか。もう何年も前からこのようなことが続いていて、山伏姿の男は天狗だと言われているんじゃ。天狗は気に入った相手に親切にするという話しでな」「はあ、そうなんですか。ハッハハ」「み

んな怖くなってもってくるが、もとよりそのお金は天狗からのお祝い金じゃ。嫁さんは手に入らず惜しいことしたじゃろうが、ありがたくもらっておきなさい」天狗はそれっきり、三五郎の前には現れなかったそうです。

＜終り＞

6.1 본문을 읽고 번역하세요. (~01:58)

　昔々、/静岡の大きな川の渡し場のそばに、/一軒の/小さな茶店がありました。その茶店に/山伏姿の背の高い男がやってきて、/注文したおそばをうまそうに食べると、/茶店の主人/三五郎に言いました。「はあ、/こんなにうまいそばを食べたのははじめてだ」「それは、/ありがとうございます」「して、/あんたはまだ一人者だね。なぜ嫁さんをもらわんのじゃ。これからわしは江戸へ行くが、/江戸に何人もよい娘を知っておる。帰りによい娘を連れてきてやるから/夫婦になりなさい。では。代金はこちらにおくぞ」「はあ、/嫁さん/か」

　それからしばらく経ったある日、/あの山伏姿の男が/本当に/若い娘を連れてやってきたのです。娘は恥ずかしいのか、/下を向いたままで、/全く顔を上げません。「主人よ。これは/ほんの土産じゃ。よいか。夫婦というものは、/どんな時でも仲むつまじくなければならん。決して/喧嘩なんぞするなよ。それではわしは/ちょっとそこまで行ってくる」

1) 단어의 의미를 익힙시다.

静岡시즈오카/渡し場나루터/茶店찻집/山伏姿수행자 차림새/背키/注文주문/主人주인/江戸도쿄의 옛이름/夫婦부부/代金대금/恥ずかしい부끄럽다/土産선물/仲사이/睦まじい정답다, 친하다/娘아가씨/決して결코, 절대로/喧嘩싸움

2) 연어의 의미를 익힙시다.

背の高い男키가 크다 → せが低い키가 작다/下を向く아래를 향하다/仲睦まじい사이가 친하다/娘を連れてくる아가씨를 데려오다/喧嘩する싸움을 하다

3) 문법을 이해합시다.

① なぜ嫁さんをもらわんのじゃ → なぜ＋嫁さんを＋もらう＋ん(＝ない) ＋の＋じゃ

설명 | 의문사 なぜ가 있으므로 이 문장은 의문 종조사 か가 없어도 의문문이다. もらわん은 もらわない의 축약형이다. じゃ는 だ의 예스런 말투이다. 이 문장을 알기 쉽게 바꾸면 なぜ嫁さんをもらわないのだ가 된다.

번역 | 왜 색시를 얻지 않는 건가? / 왜 결혼을 하지 않는가?

② 仲むつまじくなければならん → 仲＋むつまじい＋く＋なければならない

설명 | 형용사 어간에 이중 부정 형식 くなければならない가 연결된 것이다. ならん은 ならない의 회화체이다.

번역 | 사이좋게 지내지 않으면 안 돼! → 사이좋게 지내야 해!

[연습] 先生である、便利である、性格がよい、寒い

4) 아래의 일본어 질문에 일본어로 대답합시다.

① 静岡の大きな川の渡し場のそばに、何がありましたか。

....

② 店の人の名前は何ですか。

....

③ その店に誰が、やってきましたか。

....

④ その人は、何を注文しましたか。

....

⑤ その人はその店に、誰を連れてきましたか。

....

⑥ その人は店の人に、何を言いましたか。

....

5) 이하의 단어를 인터넷에서 검색합시다.

静岡、渡し場、茶店、山伏姿、嫁さん、江戸

「あ、/とにかく/お茶でもどうぞ。江戸からでは/大変じゃったろう。疲れておるなら、/二階で一休みするとよい」「はあ、ウッ/ウッ/ウッ、ヒック！あれ? ここは? ここはどこですか? あなたは/どなたですか」「えっ?」互いに驚きながらも/三五郎はとにかく娘の気を落ち着かせると、/これまでのことを話しました。すると娘は/「ああ、/きっと/あの南天の実のような/赤い薬だわ。私、/江戸に住んでるんですけど、/橋のたもとで/急に気分が悪くなったのです。そしたら/山伏姿の背の高い男がやってきて/「これは/飲めばたちまち元気になる薬じゃ。すぐに飲みなさい」と言って、/私に赤い薬を一粒くれました。それを飲むと/とてもよい気分になってしまって。その後は/気がついたらここにいて、/お茶を飲んだらしゃっくりが出て/正気に戻ったのです」

1) 단어의 의미를 익힙시다.

大変^{たいへん}큰일/一休^{ひとやす}み잠시 쉼/互^{たが}いに서로/驚^{おどろ}く놀라다/とにかく좌우지간/落^おち着^つく안
정되다/南天^{なんてん}식물)남천/実^み열매/橋^{はし}다리/たもと곁, 옆/急^{きゅう}に갑자기/しゃっくり딸꾹질/
正気^{しょうき}제정신/戻^{もど}る돌아오다

2) 연어의 의미를 익힙시다.

気分が悪い기분이 나쁘다, 속이 메스껍다/気がつく정신이 들다/しゃっくりが出る
딸국질이 나다/正気に戻る제정신으로 돌아오다/礼を言う감사를 말하다/風呂敷包み
を開ける보자기를 열다

3) 문법을 이해합시다.

① 大変じゃったろう → 大変じゃった＋だろう

설명 l 大変じゃった는 大変だった의 예스런 말투이다. 그것에 연결된 ろう
는 だろう의 예스런 말투이다. 현대 일본어 표현으로 바꾸면 大変
だっただろう가 된다.

번역 l 보통 일이 아니었겠군. 너무나도 힘 들었겠군요.

② 娘の気を落ち着かせると → 娘の気を＋落ち着く의 사역형＋と

설명 l 일본어에서는 어떤 자동사에 대응하는 타동사가 존재하지 않을 경우,
사역형의 동사가 타동사의 기능을 한다. 落ち着かせる는 사역형이 타
동사의 기능을 지니는 전형적인 예로 상대방에게 불안한 마음을 누
그러뜨리도록 지시하는 것이 아니라 직접 누그러뜨린다는 의미이다.

번역 | 아가씨의 불안한 마음을)누그러뜨리자, 누그러뜨리니

4) 아래의 일본어 질문에 일본어로 대답합시다.

① 女の人は江戸で、何の薬を飲みましたか。

....

② その人はどこで、急に気分が悪くなりましたか。

....

③ 山伏姿の男は、その女の人に何を言いましたか。

....

5) 이하의 단어를 인터넷에서 검색합시다.

 橋、南天

6.3 본문을 읽고 번역하세요. (03:30~04:59)

　娘は三五郎に礼を言って、/すぐに江戸へ戻って行きました。一人残された三五郎は、/山伏姿の男が/土産だとおいて行った風呂敷包みを開けてみました。「ひ、/ふ、/ひ、/ふ、/み、/よ、/いつ、/む、/なな、/や、/全部で/六十両?」三五郎は怖くなって、/すぐに役人に届け出ました。「あ、/またですか」「あ、/また?」「え、/お前さんで/何人目だろうか。もう何年も前からこのようなことが続いていて、/山伏姿の男は/天狗だと言われているんじゃ。天狗は/気に入った相手に親切にするという話しでな」「はあ、/そう/なんですか。ハッハハ」「みんな怖くなってもってくるが、/もとよりそのお金は/天狗からのお祝い金じゃ。嫁さんは手に入らず惜しいことしたじゃろうが、/ありがたく/もらっておきなさい」天狗はそれっきり、/三五郎の前には/現れなかったそうです。

1) 단어의 의미를 익힙시다.

風呂敷包み보자기로 싼 것/役人관리, 공무원/届け出신고/天狗상상 속의 동물/お祝い金축의금/惜しい아깝다/現われる나타나다

2) 연어의 의미를 익힙시다.

礼を言う감사하단 말을 하다/風呂敷包みを開ける보자기를 열다/気に入(い)る마음에 들다/手に入(はい)る손에 들어오다

3) 문법을 이해합시다.

① 手に入らず → 手に入る＋ず

설명ㅣず(に)는 ～ないで의 문장체 표현이다.

번역ㅣ손에 넣지 못하고

[연습] ご飯を食べる、友達に会う、先生になる

4) 아래의 일본어 질문에 일본어로 대답합시다.

① 女の人は、どこへ戻って行きましたか。

....

② 山伏姿の男からもらった風呂敷包みのなかから、何が出てきましたか。

....

③ その山伏姿の男は、結局誰でしたか。

....

④ その人はその後も、店の人(三五郎)の前に現われましたか。

....

⑤ この話を聞いて何を感じましたか。

....

5) 이하의 단어를 인터넷에서 검색합시다.

> 風呂敷包み、役人、届け出、天狗、お祝い金

본문 내용에 맞는 문장엔 〇를, 맞지 않는 문장에는 ✕를 표시하세요.

① 昔々、静岡の大きな川の渡し場のそばに、一軒の小さな食堂がありました。 (　　　)

② その茶店に山伏姿の背の高い男がやってきて、注文したうどんをうまそうに食べると、茶店の主人三五郎に言いました。 (　　　)

③ それからしばらく経ったある日、あの山伏姿の男が、本当に若い娘を連れてやってきたのです。 (　　　)

④ 互いに驚きながらも三五郎はとにかく、娘の気を落ち着かせると、これまでのことを話しました。 (　　　)

⑤ 私、東京に住んでるんですけど、橋のたもとで急に気分が悪くなったのです。 (　　　)

⑥ その後は気がついたらここにいて、お茶を飲んだら、しゃっくりが出て

正気に戻ったのです。　　　　　　　　　　　　　　　（　　　）

⑦ 一人残された三五郎は、山伏姿の男が土産だとおいて行った風呂敷包み

　　を開けてみました。　　　　　　　　　　　　　　　（　　　）

⑧ もう何年も前からこのようなことが続いていて、山伏姿の男は河童だと

　　言われているんじゃ。　　　　　　　　　　　　　　（　　　）

Unit 7

文福茶釜

(1983年, 사후 발표)

楠山正雄(1884～1950) 作
きくドラ 脚色

본문의 이해를 위해 대강의 줄거리를 파악합시다.

　옛날 모린사라는 절에 어느 한 주지스님이 살고 있었는데 그 스님은 차와 차도구를 매우 좋아했다. 어느 날 고물상에서 그 스님은 훌륭한 차솥을 구입하였는데, 그것이 매우 마음에 들었다. 한번은 선잠을 자는데, 그 차솥이 너구리로 변하는 것이 아닌가? 그 모습을 본 절의 동자승들이 이 사실을 주지스님에게 알렸으나 그 스님은 믿지 않았다. 하지만 그 후에 이 사실을 알게 된 주지스님은 그 차솥을 넝마장수에게 팔아버리고, 그것을 산 넝마장수는 예기치 못한 변화를 맞이하게 된다.

 모르는 단어를 체크하면서 본문을 들어봅시다.

　ここは上野の国、館林にある茂林寺というお寺です。このお寺の和尚さんは大層茶の湯が好きで、変わった茶道具を集めて、毎日それをいじっては楽しみにしていました。「どうです? なかなかいい茶釜でしょう」和尚さんの今一番のお気に入りは、町の道具屋で買った茶釜です。来る人ごとに見せては、自慢をしていました。

　ある晩のこと、和尚さんは居間に茶釜を飾ったまま、ウトウト居眠りをしていました。和尚さんの部屋があまりに静かなので、小僧たちはどうしたのかと、障子の隙間から中を覗いてみました。すると、和尚さんのそばの茶釜

がひとりでにムクムクと動き出し、茶釜からひょっこり頭が出て、ふとい尻尾がはえて、四本の足が出て、やがてのそのそと部屋の中を歩き出したのです。

　「やあ、大変だ。茶釜が化けた」「和尚さん、和尚さん。茶釜が歩き出しましたよ」「やかましい。何を騒ぐのだ」「ほら、和尚さん。あの茶釜が歩いていますよ」和尚さんが小僧たちの指差す方をみると、もう頭も足も尻尾もなく、元の茶釜になっていました。「何だ。バカなことを言うにもほどがある」「変だな。確かに歩いていたのに。ちょっと叩いてみて。えっ！」「それ見ろ。やっぱりただの茶釜じゃないか」

　そのあくる日、「せっかく茶釜を買ってきて、眺めてばかりいてもつまらない。今日は一つ使いだめしをしてやろう」茶釜にくみいれたはずの水が急になくなりました。「ウン？おかしいな」でも、ほかに変わったこともないので、また水を入れて囲炉裏にかけました。しばらくして、温まってくると、「熱い熱い」なんと茶釜がしゃべって、囲炉裏の外へ飛び出したではありませんか。おや？と思う間に、狸の頭が出て四本の足が出て、太い尻尾が生えて、ノコノコとお座敷の中を歩き出しました。「ウワッ、大変、大変。茶釜が化けた。え、誰か来ておくれ」

　でも小僧たちが来たときには、また元の茶釜に戻っていました。叩けばまたカン、カンと鳴りました。「いい茶釜を手に入れたと思ったら、とんだものをしょい込んだ。どうしたものだろう」「くずーい。くずーい」「いいところにくずやが来た。こんな茶釜は、いっそ売ってしまおう」和尚さんに呼

ばれたくずやが、茶釜を手に取ってよく見たところ「これは結構な品物です」と言って、茶釜を買って行きました。「これはこの頃にない掘り出しものだ。どうにかして道具好きなお金持ちに、いい値で売らなければ…」くずやは独り言を言いながら、大事そうに茶釜を枕元に飾って、ぐっすり寝ました。

「もしもしくずやさん、くずやさん」呼ぶ声がして、くずやがハッとして目を覚ましますと、さっきの茶釜がいつの間にか毛むくじゃらな頭と太い尻尾を出して、枕元にちょこなんと座っていました。「やあ、大変。茶釜が化けた」「くずやさん。そんなに驚かないでもいいよ」「だって? 驚かずにいられるものかい。茶釜に毛が生えて、歩き出せば誰だって驚くだろう」「私は文福茶釜と言って、狸の化けた茶釜です。野原で男たちに捕まって、古道具屋に売られて、お腹もすいて死にそうになったところをお寺の和尚さんに買われていきました。

お寺ではやっと水が飲めたと思ったら、お尻から火あぶりにされました。もう、あんなところはコリゴリです。あなたは親切な方らしいから、しばらく家に置いてくださいませんか。きっとお礼はしますから…」「置いてやるぐらいわけのないことだ。え、だがお礼をするって、どんなことをするつもりだい?」「へえ、見世物でいろいろ面白い芸当をして、あなたにたんとお金もうけをさせてあげますよ」「芸当っていったいどんなことをするんだい?」さしあたり、綱渡りの軽業に、文福茶釜の浮かれ踊りをやりましょう。もうくずやなんかやめてしまって、見世物師におなんなさい。明日からたんとお

金が儲かりますよ」

　こう言われて、くずやはすっかり乗り気になり、くずやをやめて町の盛り場に一軒の見世物小屋をこしらえました。手足の生えた大きな茶釜だけでも不思議なのに、文福茶釜が変わった芸当をやってみせるので見物は大喜びでした。それから文福茶釜の評判は、たちまち広がりました。遠国から見にくる人で、毎日毎晩大変な大入りでしたから、くずやはすぐに大金持ちになりました。

　「こうやって文福茶釜でお金もうけをしていても際限のないことだから、ここらで休ませてやろう。お前のおかげで、私も大層金持ちになった。人間の欲には限りがないと言いながら、欲張るのは悪いことだから、今日限り、お前を見世物に出すことはやめて、茂林寺に納めることにしよう。その代わり、今度は和尚さんに頼んで、囲炉裏にかけて、火あぶりになんぞしないように、大切にお寺の宝物にしてもらい、錦の布団にのせて安楽なご隠居の身分にしてあげるが、どうだね?」「そうですね。私もくたびれましたから、ここらで少し休ませてもらいましょうか」

　そうして文福茶釜は茂林寺へ納められました。文福茶釜もくたびれて寝込んででもしまったのか、それからは別段、手足が生えて踊り出すというようなこともなく、お寺の宝物になって、今日まで伝わっているそうです。

<終り>

　ここは上野の国、/館林にある/茂林寺というお寺です。このお寺の和尚さんは/大層茶の湯が好きで、/変わった茶道具を集めて、/毎日それをいじっては/楽しみにしていました。「どうです? なかなか/いい茶釜でしょう」和尚さんの今一番のお気に入りは、/町の道具屋で買った/茶釜です。来る人ごとに見せては、/自慢をしていました。

　ある晩のこと、/和尚さんは居間に茶釜を飾ったまま、/ウトウト居眠りをしていました。和尚さんの部屋が/あまりに静かなので、/小僧たちはどうしたのかと、/障子の隙間から中を覗いてみました。すると、/和尚さんのそばの茶釜が/ひとりでにムクムクと動き出し、/茶釜からひょっこり頭が出て、/ふとい尻尾がはえて、/四本の足が出て、/やがて/のそのそと部屋の中を歩き出したのです。

　「やあ、/大変だ。茶釜が化けた」「和尚さん、和尚さん。茶釜が/歩き出しましたよ」「やかましい。何を騒ぐのだ」「ほら、和尚さん。あの茶釜が/歩いていますよ」和尚さんが/小僧たちの指差す方をみると、/もう頭も足も尻尾もなく、/元の茶釜になっていました。「何だ。バカなことを言うにもほどがある」「変だな。確かに歩いていたのに。ちょっと/叩いてみて。えっ!」「それ見ろ。やっぱり/ただの茶釜じゃないか」

1) 단어의 의미를 익힙시다.

上野군마현(群馬県)의 옛이름/館林군마현 남동부에 위치한 시/茂林寺모린사/茶の湯다도/茶道具차를 마시는 데에 사용되는 도구/いじる 만지작거리다/楽しみ낙, 즐거움/茶釜다관, 찻물을 달이는 솥/居間거실/気に入り마음에 듦/道具屋고물상/見る보다/見せる보여주다/見える보여지다/飾る장식하다, 꾸미다, 치장하다/ウトウト꾸벅꾸벅/居眠り앉아서 조는 것, 선잠/小僧꼬마중, 애송이/障子장지, 미닫이문/隙間빈틈/覗く들여다보다/ひとりでに저절로/ムクムク벌떡/ひょっこり불쑥/やがて마침내/のそのそ느릿느릿/太い두껍다/尻尾꼬리/生える자라다, 나오다/化ける둔갑하다/やかましい시끄럽다/指差す손가락으로 가리키다/叩く두드리다, 때리다

2) 연어의 의미를 익힙시다.

変わった茶道具별난 차도구(차를 마시는 데에 쓰이는 도구)/茶道具を集める차도구를 모으다/茶道具をいじる차도구를 만지다/自慢をする자랑을 하다 → のど自慢노래자랑/楽しみにする낙으로 삼다/ウトウト居眠りをする꾸벅꾸벅 졸다/中を覗く안을 들여다 보다/ひょっこり頭が出る불쑥 머리가 나오다/太い尻尾두꺼운 꼬리/足が出る발이 나오다/尻尾が生える꼬리가 나다/指差す손가락을 가리키다

3) 아래의 일본어 질문에 일본어로 대답합시다.

① 茂林寺は、どこにあるお寺ですか。

....

② この寺の和尚さんは、どんな人でしたか。

....

③　和尚さんの一番のお気に入りの茶釜は、どこで買ったものですか。

....

④　和尚さんは、来る人に何をしましたか。

....

⑤　和尚さんの部屋は、うるさかったですか、静かでしたか。

....

⑥　小僧たちは和尚さんの部屋で、何を見ましたか。

....

⑦　小僧たちがみた茶釜は、どんな様子でしたか。

....

5) 이하의 단어를 인터넷에서 검색합시다.

上野、館林、茂林寺、和尚さん、茶の湯、茶道具、道具屋、茶釜、居間、障子

📥 7.2 본문을 읽고 번역하세요. (02:07～04:12)

　そのあくる日、/「せっかく茶釜を買ってきて、/眺めてばかりいてもつまらない。今日は/一つ/使いだめしをしてやろう」茶釜にくみいれたはずの水が/急になくなりました。「ウン？おかしいな」でも、/ほかに変わったこともないので、/また水を入れて/囲炉裏にかけました。しばらくして、/温まってくると、/「熱い熱い」なんと/茶釜がしゃべって、/囲炉裏の外へ飛び出したで

はありませんか。おや?と思う間に、/狸の頭が出て/四本の足が出て、/太い尻尾が生えて、/ノコノコと/お座敷の中を歩き出しました。「ウワッ、/大変、/大変。茶釜が化けた。え、/誰か/来ておくれ」

　でも/小僧たちが来たときには、/また元の茶釜に戻っていました。叩けばまた/カン、/カン/と鳴りました。「いい茶釜を手に入れたと思ったら、/とんだものをしょい込んだ。どうした/ものだろう」「くずーい。くずーい」「いいところにくずやが来た。こんな茶釜は、/いっそ売ってしまおう」和尚さんに呼ばれたくずやが、/茶釜を手に取ってよく見たところ/「これは結構な品物です」と言って、/茶釜を買って行きました。「これはこの頃にない掘り出しものだ。どうにかして道具好きなお金持ちに、/いい値で売らなければ…」くずやは独り言を言いながら、/大事そうに茶釜を枕元に飾って、/ぐっすり寝ました。

1) 단어의 의미를 익힙시다.

あくる日이튿날/使い試す사용해보다/くみいれる떠서 넣다/囲炉裏화로/温まる따
뜻해지다/飛び出す뛰쳐나오다/狸너구리/座敷다다미방/鳴る울리다/くずや넝마장수,
넝마주이/いっそ차라리/結構훌륭함/品物상품, 물품/掘り出し物진귀한 물건, 싸게 산
좋은 물건/道具好き도구를 좋아함, 도구를 좋아하는 사람/独り言혼잣말/枕元베갯머리

2) 연어의 의미를 익힙시다.

使いだめしをする시험 삼아 써보다/茶釜に水をくみいれる차솥에 물을 떠넣다/
水を入れる물을 넣다/囲炉裏にかける화로 위에 걸다/ノコノコと歩き出す어슬렁어
슬렁 걷다/しばらくする잠시 지나다/とんだものをしょい込む당치도 않은 것을 떠
맡다/手に入れる손에 넣다/手に入る손에 들어오다/手に取る손에 잡다/いい値で売
る좋은 값으로 팔다/独り言を言う혼잣말을 하다/ぐっすり寝る푹 자다

3) 문법을 이해합시다.

① 眺めてばかりいても → 眺める＋て＋ばかり＋いる＋て＋も

설명 | 동사 て와 いる 사이에 ばかり를 넣을 수 있다. ばかり가 들어가면
오로지 그 동작만 한다는 의미가 된다.

번역 | 바라보고만 있어도

연습 酒を飲んでいる、煙草を吸う、本を読む

② 温まってくると → 温まる＋て＋くる＋と

설명 | 자동사 て형에 연결된 くる는 '오다'라는 뜻 이외에 상태 변화의 의미
('~ 해지다')도 지닌다.

번역 | 따뜻해지니, 따뜻해지자

연습 広まる、染まる、腹が立つ

③ 大事そうに → 大事だ＋そうだ의 연용형

설명 | い형용사의 어간에 추측을 나타내는 そうだ가 연결되는 것처럼 な형
용사의 어간에도 そうだ가 연결된다. 또한 그 そうだ는 そうに、そ
うで、そうな로 활용할 수 있다.

번역 | 신주 단지 다루듯이, 아주 소중히

연습 楽だ、不便だ、不愉快だ、元気だ

4) 아래의 일본어 질문에 일본어로 대답합시다.

① 和尚さんは茶釜に水を入れて、どこへかけましたか。

....

② しばらくしてから、その茶釜はどうなりましたか。

....

③ その茶釜を叩けば、どうなりましたか。

....

④ 和尚さんは、茶釜を誰に売りましたか。

....

5) 이하의 단어를 인터넷에서 검색합시다.

囲炉裏、狸、座敷、小僧、くずや

　「もしもしくずやさん、/くずやさん」呼ぶ声がして、/くずやが/ハッとして目を覚ましますと、/さっきの茶釜が/いつの間にか毛むくじゃらな頭と/太い尻尾を出して、/枕元に/ちょこなんと座っていました。「やあ、/大変。茶釜が化けた」「くずやさん。そんなに驚かないでもいいよ」「だって？驚かずにいられるものかい。茶釜に毛が生えて、歩き出せば/誰だって驚くだろう」「私は文福茶釜と言って、/狸の化けた茶釜です。野原で男たちに捕まって、/古道具屋に売られて、/お腹もすいて死にそうになったところを/お寺の和尚さんに買われていきました。

　お寺ではやっと水が飲めたと思ったら、/お尻から/火あぶりにされました。もう、/あんなところはコリゴリです。あなたは親切な方らしいから、/しばらく家に置いてくださいませんか。きっとお礼はしますから…」「置いてやるぐらい/わけのないことだ。え、だが/お礼をするって、/どんなことをするつもりだい？」「へえ、/見世物で/いろいろ面白い芸当をして、/あなたにたんとお金もうけをさせてあげますよ」「芸当って/いったいどんなことをするんだい？」さしあたり、/綱渡りの軽業に、/文福茶釜の浮かれ踊りをやりましょう。もう/くずやなんかやめてしまって、/見世物師におなんなさい。明日から/たんとお金が儲かりますよ」

1) 단어의 의미를 익힙시다.

呼ぶ(사람을)부르다/毛むくじゃら 털북숭이/野原 들판/捕まる 붙잡히다, 체포되다 →
捕まえる 붙잡다, 체포하다/ちょこなんと 달랑/古道具屋 골동품상/尻 엉덩이/火あぶり
불에 데임/お腹 배/コリゴリ 지긋지긋함, 신물이 남/礼 감사, 답례/見世物 구경거리/面白
い 재미있다/芸当 재주, 곡예/金もうけ 돈을 벌, 돈벌이/いったい 도대체/綱渡り 줄타기/
軽業 곡예(사)/浮かれ踊り 흥겹게 추는 춤/見世物師 볼거리를 보여주는 사람/儲かる 벌
이가 되다 芸当

2) 연어의 의미를 익힙시다.

ハッとする 깜짝 놀라다/目を覚ます 눈을 뜨다/ちょこなんと座る 오도카니(달랑)
앉다/呼ぶ声がする 부르는 소리가 나다/いつの間にか 어느 새에/尻尾を出す 꼬리를
내밀다/お礼をする 답례를 하다/金が儲かる 돈이 벌리다 → お金を儲ける 돈을 벌다/
ぐずやをやめる 넝마줍기를 그만두다/お腹がすく 배가 고프다

3) 문법을 이해합시다.

① 驚かずにいられるものかい → 驚く＋ずに＋いる의 수동형＋もの＋かい
설명 | ずに는 ないで의 문장체 표현이다. 수동형은 수동, 존경, 가능, 자발의
　　　의미를 지니는데, 여기에서는 가능으로 번역하는 것이 자연스럽다.
번역 | 놀라지 않고 있을 수 있는 거니? 놀라지 않고 배길 수 있겠니?
② 買われていきました → 買う의 수동형＋いきました
설명 | 일본어에서 수동 표현의 생산성은 한국어와 비교가 되지 않을 정도

로 높다. 예를 들어 한국어에서는 '사다 → *사지다'가 되기 어려운 반면에 일본어에서는 買う → 買われる에서 보듯 아무런 제약이 없이 수동이 성립한다. 따라서 이런 일본어와 한국어의 사정을 감안하여 번역을 할 필요가 있다. 즉 한국어에서는 일본어만큼 수동이 사용되지 못하므로(제약이 많으므로) 가급적 능동으로 번역을 할 필요가 있다.

번역 | 누군가에게)나는 사여져 갔습니다. → 누군가가)나를 사 갔습니다.

③ 驚かないでもいいよ → 驚く＋ない＋でも＋いい＋よ

설명 | 부정 허용을 나타내는 驚かないでもいい는 驚かなくてもいい로도 바꾸어 말할 수 있다. 그런데 대부분의 일본어 학습자들은 驚かなくてもいい로 배웠을 것이다. 驚かなくてもいい나 驚かないでもいい는 의미의 차이는 거의 없다. 차이가 있다면 전자의 驚かなくてもいい가 후자의 驚かないでもいいよ보다 격식을 차린 표현이라고나 할까.

번역 | 놀라지 않아도 돼요.

[연습] 酒を飲む、彼に会う、図書館で待つ、電車に乗る

4) 아래의 일본어 질문에 일본어로 대답합시다.

① 茶釜の名前は何ですか。

....

② 何が化けた茶釜ですか。

....

③ 茶釜はどこで、誰に捕まりましたか。

....

④ 茶釜はどこに売られましたか。

....

⑤ 茶釜にできる芸当は何ですか。

....

5) 이하의 단어를 인터넷에서 검색합시다.

> 枕元、文福茶釜、古道具屋、火あぶり、見世物、芸当、綱渡り、浮かれ踊り、見世物師

7.4 본문을 읽고 번역하세요. (06:01 ～ 07:53)

こう言われて、/くずやはすっかり乗り気になり、/くずやをやめて/町の盛り場に/一軒の見世物小屋をこしらえました。手足の生えた/大きな茶釜だけでも不思議なのに、/文福茶釜が変わった芸当をやってみせるので/見物は大喜びでした。それから/文福茶釜の評判は、/たちまち広がりました。遠国から見にくる人で、/毎日毎晩/大変な大入りでしたから、/くずやはすぐに大金持ちになりました。

「こうやって文福茶釜でお金もうけをしていても/際限のないことだから、/ここらで/休ませてやろう。お前のおかげで、/私も大層金持ちになった。人間の欲には限りがないと言いながら、/欲張るのは悪いことだから、/今日限り、/お前を見世物に出すことはやめて、/茂林寺に納めることにしよう。その代わり、/今度は和尚さんに頼んで、/囲炉裏にかけて、/火あぶりになんぞしないように、/大切にお寺の宝物にしてもらい、/錦の布団にのせて/安楽なご隠居の身分にしてあげるが、/どうだね?」「そうですね。私もくたびれましたから、/ここらで少し/休ませてもらいましょうか」

そうして/文福茶釜は/茂林寺へ納められました。文福茶釜も/くたびれて寝込んでででもしまったのか、/それからは/別段、/手足が生えて/踊り出すというようなこともなく、/お寺の宝物になって、/今日まで伝わっているそうです。

1) 단어의 의미를 익힙시다.

　すっかり모두, 완전히, 죄다/乗り気흥이 남, 마음이 동함/盛り場번화가/見世物小屋구경거리 오두막/不思議だ이상하다/見物볼거리/評判평판/たちまち갑자기/広がる퍼지다/遠国먼 지방/大入り많이 들어옴/際限끝, 한도/欲욕심/限り끝/金持ち부자/欲張る욕심을 내다/納める바치다/なんぞ따위, 등/宝物보물/錦비단/錦の布団비단이불/安楽だ안락하다/隠居은거/身分신분/くたびれる지치다/ここら이 근처, 이쯤/寝込む푹 잠들다, 병으로 눕다/別段특별히, 별로/手足손발/今日오늘/伝わる전해지다 → 伝える전하다

2) 연어의 의미를 익힙시다.

　くずやをやめる넝마주이를 관두다/見世物小屋をこしらえる구경거리 오두막을 마련하다(만들다)/芸当をやる재주를 부리다/たちまち広がる금새(삽시간에) 퍼져나가다/限りがない끝이 없다/見世物に出す구경거리로 내다/茂林寺に納める모린사에 바치다/その代わりユ 대신에/囲炉裏にかける화로 위에 걸다/お金もうけをする돈벌이를 하다

3) 문법을 이해합시다.

　① 遠国から見にくる → 遠国から＋見＋に＋くる

　설명 | 동사의 ます형에 접속되는 조사 に는 목적 '-러'의 의미를 나타낸다.
　　　 조사 に가 목적의 의미를 지니는지 여부는 그 뒤에 이동 동사 行く、
　　　 来る、出かける가 오느냐에 달려 있다. 이동 동사가 오면 조사 に는

목적의 의미를 나타낸다. 또한 명사 중에서도 동작성 명사, 예를 들어 勉強、登山、サッカー、卓球에 に가 연결되고 그 뒤에 이동 동사가 오는 경우에도 조사 に는 목적의 의미를 나타낸다.

번역 | 먼 지방에서 보러 온다.

연습 手紙を出す、映画を見る、友だちを迎える、ピアノを学ぶ

② 不思議なのに → 不思議だ의 어간＋な＋のに

설명 | 명사나 な형용사가 のに와 결합할 때는 연결사 な가 반드시 들어가야 한다. 비유하자면 이 연결사 な는 のに와 な형용사 어간을 붙여주는 풀과 같은 존재라고 할 수 있다. 동사나 い형용사에는 な없이 기본형에 のに가 바로 연결된다. のに는 X하면 당연히 Y라고 하는 사건이 발생하여야 하는데, 실제로는 예측에 반하는 Z의 사건이 발생하는 것을 나타내는 경우에 사용된다. ～인데, ～인데도 불구하고

번역 | 이상한데도

연습 明日は日曜日だ、彼は男だ、授業がない、彼女がいる

③ 休ませてもらいましょうか → 休む의 사역형＋て＋もらう＋ましょうか

설명 | 休ませる에 もらう가 접속하면 쉬는 주체가 화자가 되므로 休みましょうか와 거의 동일한 의미가 된다. 그러나 전자의 休ませてもらいましょうか는 상대방의 양해를 구하고 주체가 쉬겠다는 것을 물어본 것을 의미하는 것이고 休みましょうか는 상대방의 양해를 구하는 없이 주체의 의지를 우선시하여 쉬겠다는 것을 물어본다는 점에서 그 차이가 있다. 休んでもらいましょう의 경우는 쉬는 주체가 상대방이

되므로 사역형＋もらう와 타동사＋もらう의 구별에 주의를 요한다.

번역 | 그럼)쉬어볼까요?

연습 酒を飲む、先にいく、友達に会う、事務室で待つ

4) 아래의 일본어 질문에 일본어로 대답합시다.

① くずやはくずやをやめて、何をこしらえましたか。

....

② 茶釜は人々に、人気がありましたか。

....

③ くずやは、どうなりましたか。

....

④ くずやは、茶釜をどうすることにしましたか。

....

⑤ くずやは文福茶釜に、茂林寺の和尚さんに、茶釜をどうしてもらうと約
束しましたか。

....

⑥ この話を聞いて何を感じましたか。

....

5) 이하의 단어를 인터넷에서 검색합시다.

盛り場、見世物小屋

📥 본문 내용에 맞는 문장엔 O를, 맞지 않는 문장에는 ×를 표시하세요.

① このお寺の和尚さんは大層茶の湯が好きで、 変わった茶道具を集めて、
　　毎日それをいじっては楽しみにしていました。　　　　　　（　　　　）

② 和尚さんの今一番のお気に入りは、 町の道具屋で買った茶釜です。

　　　　　　　　　　　　　　　　　　　　　　　　　　　　　（　　　　）

③ ある晩のこと、 和尚さんは居間に茶釜を飾ったまま、 ウトウト居眠りを
　　していました。　　　　　　　　　　　　　　　　　　　　（　　　　）

④ 和尚さんが小僧たちの指差す方をみると、 もう頭も足も尻尾もなく、 元
　　の茶釜になっていました。　　　　　　　　　　　　　　　（　　　　）

⑤ おや?と思う間に、 きつねの頭が出て四本の足が出て、 太い尻尾が生え
　　て、 ノコノコとお座敷の中を歩き出しました。　　　　　（　　　　）

⑥ 「もしもし、 くずやさん、 くずやさん」 呼ぶ声がして、 くずやがハッと
　　して目を覚ましますと、 さっきの茶釜がいつの間にか、 毛むくじゃらな
　　頭と細い尻尾を出して、 枕元にちょこなんと座っていました。（　　　　）

⑦ 野原で女たちに捕まって、 古道具屋に売られて、 お腹もすいて死にそう
　　になったところをお寺の和尚さんに買われていきました。　（　　　　）

⑧ へえ、 見世物でいろいろ面白い芸当をして、 あなたにたんとお金もうけ
　　をさせてあげますよ。　　　　　　　　　　　　　　　　　（　　　　）

⑨ こう言われて、 くずやはすっかり乗り気になり、 くずやをやめて、 町の
　　盛り場に、 三軒の見世物小屋をこしらえました。　　　　（　　　　）

⑩ 手足の生えた大きな茶釜だけでも不思議なのに、 文福茶釜が変わった芸
　　当をやってみせるので見物は大喜びでした。　　　　　　　（　　　　）

Unit 8
豆粒ころころ

昔話・きくドラ　脚色

어느 날 착하고 부지런한 할아버지가 집 청소를 하다가 콩 한톨이 화덕 속으로 굴러 들어가는 것을 보게 되었다. 이를 안타깝게 여긴 할아버지는 콩 한톨의 행방을 찾기 위해 화덕을 뒤지던 중, 그만 화덕 밑바닥에 뚫린 큰 구멍 안으로 굴러 떨어지게 된다. 그런데 그곳에는 지장보살님이 계셨는데, 콩의 행방을 물으니 그것을 먹었다는 것이 아닌가? 그러면서 지장보살님은 답례는 해야 한다면서 그 부지런하고 마음씨 좋은 할아버지에게 큰 선물을 준다.

 모르는 단어를 체크하면서 본문을 들어봅시다.

昔々あるところに、正直で働き者のおじいさんとおばあさんが住んでいました。ある日、おばあさんが家の掃除をしていると、豆が一粒転げ落ちて、コロコロころっとかまどの中に入ってしまいました。「やれやれ。一粒の豆でも粗末にはできん」おじいさんはそう言って、かまどの中をかき回しました。すると、かまどの底にポッカリと穴が開いて、おじいさんは穴の中へ、ころころコロッと、転げ落ちてしまいました。「アッ、イタタタタッ！」おじいさんは尻をさすりながら、自分の落ちてきた穴を見上げました。

「随分と落ちてしまったのう。はて、こんなところにお地蔵さまがいらっしゃる。お地蔵さま、お地蔵さま。ここに豆が転がってきませんでしたか？」

「ああ、豆ならわしが食べたよ」「それはよかった。豆が無駄にならずに済んだ。突然、お邪魔して申し訳ありませんでした。それじゃ、わしはこれで…」「待ちなされ。たとえ一粒の豆でも、お礼をせんとな。この先を進むと、赤い障子の家があるから米つきを手伝え。またその先には、黒い障子の家があるから、天井裏に上って鶏の鳴きまねをせい。きっといいことがあるぞ」「そうですか。それはそれは。ありがとうございます」

おじいさんは言われたとおりに先に進むと、赤い障子の家があって大勢のねずみたちが嫁入り支度の米つきをしていました。「ニャーという声聞きたくないぞ。ニャーという声聞きたくないぞ。ニャーという声聞きたくないぞ。ニャーという声聞きたくないぞ」「おめでとうさんで、米つきを手伝いましょう」おじいさんは心をこめて、一生懸命米をついてやりました。「おじいさん。ありがとう。赤い着物をお礼にどうぞ」「これはたまげだ。お地蔵さまの言うとおりじゃ」

ねずみから赤い着物を受け取り、またしばらく行くと、崖の上に黒い障子の家がありました。その家の中では、大勢の鬼たちが、金銀を積んで花札をしていました。おじいさんは怖いのを我慢して、天井裏に上って大声で叫びました。「コケコッコー、一番鶏だぞ。コケコッコー、二番鳥だぞ。コケコッコー、三番鶏だぞ」「おいおい、札をよこせ、札を」「おい、おい、朝だ、朝だよ」鬼たちは大慌てで逃げ出しました。あとには金銀財宝の山が残っています。「これはよい土産ができた」おじいさんがそのお宝をもって帰ると、おばあさんは大喜びです。

さて、この話しを隣に住む欲張りなおじいさんが聞いていました。「よーし、おらも金銀財宝を手に入れよう」欲張りなおじいさんは、ざるに豆をいっぱい入れると、となりの家のかまどの中へ豆をザーッとぶちまけてしまいました。「よーし、おらも豆を取りに行こう。そーれ」

　欲張りなおじいさんは、かまどの底の穴の中へ飛び込みました。「どーれ。地蔵さまは地蔵さまはと。あ、いたいた。ヒヒヒヒ。これ地蔵さま。おらの豆を食うたじゃろう。いまさら返そうだってだめじゃ。お礼はどうした。お礼は…」「たとえ一粒の豆でもお礼をせんとな。この先を進むと赤い障子の家があるから米つきを手伝え。またその先には黒い障子の家があるから、天井裏に上って、鶏の鳴きまねをせい。きっといいことがあるぞ」そこで欲張りなおじいさんはどんどん進んでねずみの家に着きました。

　「ニャーという声聞きたくないぞ。ニャーという声聞きたくないぞ。ニャーという声聞きたくないぞ。ニャーという声聞きたくないぞ」「オホー、ここだなよーし。脅かしてねずみの宝物もとってやれ。ニャーオ、ニャーオ、ニャーオ」「ワーッ。猫が来たぞ。よーし。退治するぞ」ねずみたちは、米つきの杵をおじいさんに投げつけました。「アッ、イタイタタタタッ。やめろ! やめろ!」欲張りなおじいさんは何とか逃げ出して、今度は鬼たちの家へ来ました。「イーイーイー、一番鶏、二番鶏、三番鶏」「何じゃこいつは? さては、わしらの宝を盗んだのは、こいつだな」「や、やめてくれ」「捕まえたぞ。そーれ」怒った鬼たちは、欲張りなおじいさんを地獄へつながる谷底へ、蹴っ飛ばしてしまいました。

<終り>

8.1 본문을 읽고 번역하세요. (〜02:45)

　昔々/あるところに、/正直で/働き者の/おじいさんとおばあさんが住んでいました。ある日、/おばあさんが家の掃除をしていると、/豆が/一粒転げ落ちて、/コロコロ/ころっと/かまどの中に入ってしまいました。「やれやれ。一粒の豆でも/粗末にはできん」おじいさんはそう言って、/かまどの中をかき回しました。すると、/かまどの底に/ポッカリと穴が開いて、/おじいさんは/穴の中へ、/ころころ/コロッと、/転げ落ちてしまいました。「アッ、イタタタタッ！」おじいさんは/尻をさすりながら、/自分の落ちてきた穴を見上げました。

　「随分と/落ちてしまったのう。はて、/こんなところに/お地蔵さまがいらっしゃる。お地蔵さま、/お地蔵さま。ここに豆が転がってきませんでしたか？」「ああ、/豆ならわしが食べたよ」「それはよかった。豆が無駄にならずに済んだ。突然、/お邪魔して申し訳ありませんでした。それじゃ、わしはこれで…」「待ちなされ。たとえ一粒の豆でも、/お礼をせんとな。この先を進むと、/赤い障子の家があるから米つきを手伝え。またその先には、/黒い障子の家があるから、/天井裏に上って鶏の鳴きまねをせい。きっといいことがあるぞ」「そうですか。それはそれは。ありがとうございます」

1) 단어의 의미를 익힙시다.

正直_{しょうじき}정직/働_{はたら}き者_{もの}부지런 사람/掃除_{そうじ}청소/一粒_{ひとつぶ}한 톨/転_{ころ}げ落_おちる굴러떨어지다/コロコロ데굴데굴/ころっと작은 것이 뒹구는 모양/かまど화덕, 부뚜막/やれやれ어이가 없을 때 내뱉는 소리)어이쿠, 아이고/粗末_{そまつ}변변치 않음/かき回_{まわ}す휘젓다/底_{そこ}바닥/ポッカリ구멍이 뚫린 모양)뻥/穴_{あな}구멍/尻_{しり}엉덩이/さする문지르다/見上_{みあ}げる쳐다보다/随分_{ずいぶん}몹시/豆_{まめ}콩/転_{ころ}がる구르다/無駄_{むだ}쓸데 없음, 헛짓/済_すむ끝나다/突然_{とつぜん}갑자기/邪魔_{じゃま}방해/申_{もう}し訳_{わけ}아뢸 말씀/お礼_{れい}답례/進_{すす}む나아가다/障子_{しょうじ}미닫이(문)/米_{こめ}つき쌀찧기/手伝_{てつだ}う거들다, 돕다/天井裏_{てんじょううら}천정 뒤, 지붕 밑/泣_{なき}まね울음소리 흉내

2) 연어의 의미를 익힙시다.

掃除をする청소를 하다/豆が転げ落ちる콩이 굴러 떨어지다/かまどの中をかき回す화덕 속을 휘젓다/ポッカリと穴が開く구멍이 뻥 뚫리다/穴を見上げる구멍을 올려다보다/尻をさする엉덩이를 문지르다/豆が転がる콩이 구르다/お礼をする답례를 하다/お邪魔する방해를 하다, 실례하다/米つきを手伝う쌀찧기를 돕다/鳴きまねをする울음소리를 흉내내다

3) 문법을 이해합시다.

① 粗末にはできん → 粗末だ의 연용형＋は＋でき＋ん(＝ない)

설명 I 粗末には 粗末だ(허술하다)의 연용형이다. な형용사가 연용형이 되면 부사의 기능을 하게 된다. 2류동사 できる의 어간에 연결된 ん은 ない의 회화체이다.

번역 | 허술하게는 할 수 없다. 허술히 여길 수는 없지

② 見上げる → 見る＋上げる

설명 | 見上げる가 만약 사전에 나오지 않는다면 見る와 上げる를 분해해서
그 의미를 추적하면 된다. 보는 것은 눈이다. 그 눈을 들므로써 '우러
러보다, 올려다 보다'라는 의미가 완성된다.

번역 | 올려다 보다. 위를 쳐다보다.

③ お礼をせんとな → お礼をする＋ん（＝ない）＋と＋な

설명 | お礼をする는 답례를 하다. せん은 3류동사 する에 ない의 회화체 ん
이 연결된 형태이다. 다시 조건을 나타내는 と가 연결되었는데 사실은
ならない, いけない와 같은 문말 표현이 생략된 것으로 볼 수 있다.
생략된 표현을 복구하면 お礼をしないと（しなめれば）ならないな가 된
다. な는 타인이나 자신을 납득시키거나 확인하는 용법을 지닌다.

번역 | 답례를 하지 않으면 안 되겠지. 답례를 해야겠지.

4) 아래의 일본어 질문에 일본어로 대답합시다.

① 主人公のおじいさんとおばあさんは、どんな人でしたか。

....

② おばあさんが家の掃除をしている時、何が転げ落ちましたか。

....

③ それはどこへ入りましたか。

....

④ 転げ落ちてきた豆は、誰が食べましたか。

....

⑤ お地蔵様は赤い障子の家に行って、何をやりなさいと言いましたか。

....

⑥ お地蔵様は黒い障子の家に行って、何をやりなさいと言いましたか。

....

5) 이하의 단어를 인터넷에서 검색합시다.

> e 働き者、赤い障子、黒い障子、鶏

8.2 본문을 읽고 번역하세요. (02:46～04:49)

　おじいさんは言われたとおりに先に進むと、/赤い障子の家があって/大勢の
ねずみたちが/嫁入り支度の/米つきをしていました。「ニャーという声/聞き
たくないぞ。ニャーという声/聞きたくないぞ。ニャーという声/聞きたくない
ぞ。ニャーという声/聞きたくないぞ」「おめでとうさんで、/米つきを手伝
いましょう」おじいさんは/心をこめて、/一生懸命米をついてやりました。
「おじいさん。ありがとう。赤い着物を/お礼にどうぞ」「これはたまげだ。
お地蔵さまの言うとおりじゃ」

　ねずみから/赤い着物を受け取り、/またしばらく行くと、/崖の上に/黒い障子
の家がありました。その家の中では、/大勢の鬼たちが、/金銀を積んで/花札を
していました。おじいさんは/怖いのを我慢して、/天井裏に上って/大声で叫び
ました。「コケコッコー、/一番鶏だぞ。コケコッコー、/二番鳥だぞ。コケ
コッコー、/三番鶏だぞ」「おいおい、札をよこせ、札を」「おい、/おい、/
朝だ、/朝だよ」鬼たちは/大慌てで/逃げ出しました。あとには/金銀財宝の山が
残っています。「これはよい土産ができた」おじいさんが/そのお宝をもって帰
ると、/おばあさんは大喜びです。

1) 단어의 의미를 익힙시다.

大勢수많음/嫁入り支度시집 갈 준비/受け取る받아들이다/しばらく잠시/崖낭떠러지, 벼랑/金銀금은/我慢참음/大声큰소리/叫ぶ외치다/大慌て크게 당황함/金銀財宝금은보화

2) 연어의 의미를 익힙시다.

心をこめる마음을 담다/米をつく쌀을 찧다/米つきをする쌀찧기를 하다/金銀を積む금은을 쌓다/花札をする화투를 치다/我慢する참다/大声で叫ぶ큰소리로 외치다/大慌てで逃げ出す몹시 허둥대며 도망치다

3) 아래의 일본어 질문에 일본어로 대답합시다.

① 赤い障子の家には、誰がいましたか。

....

② そこでは、どんな歌を歌っていましたか。

....

③ おじいさんは、そこで何をしましたか。

....

④ おじいさんは、お礼で何をもらいましたか。

....

⑤ 黒い障子の家は、どこにありましたか。

....

⑥ その家の中には、誰が何をしていましたか。

⑦ おじいさんは天井裏に上って、何と叫びましたか。

⑧ 鬼たちが逃げたあと、何が残っていましたか。

5) 이하의 단어를 인터넷에서 검색합시다.

嫁入り支度、天井裏、金銀財宝

　さて、/この話しを/隣に住む/欲張りなおじいさんが聞いていました。「よーし、/おらも金銀財宝を手に入れよう」欲張りなおじいさんは、/ざるに豆をいっぱい入れると、/となりの家のかまどの中へ/豆をザーッと/ぶちまけてしまいました。「よーし、/おらも豆を取りに行こう。そーれ」

　欲張りなおじいさんは、/かまどの底の穴の中へ/飛び込みました。「どーれ。地蔵さまは、/地蔵さまはと。あ、/いたいた。ヒヒヒヒ。これ地蔵さま。おらの豆を食うたじゃろう。いまさら返そうだってだめじゃ。お礼はどうした。お礼は…」「たとえ一粒の豆でも/お礼をせんとな。この先を進むと赤い障子の家があるから米つきを手伝え。またその先には黒い障子の家があるから、/天井裏に上って、/鶏の鳴きまねをせい。きっといいことがあるぞ」そこで/欲張りなおじいさんは/どんどん進んで/ねずみの家に着きました。

　「ニャーという声聞きたくないぞ。ニャーという声聞きたくないぞ。ニャーという声聞きたくないぞ。ニャーという声聞きたくないぞ」「オホー、/ここだな。よーし。脅かして/ねずみの宝物もとってやれ。ニャーオ、/ニャーオ、/ニャーオ」「ワーッ。猫が来たぞ。よーし。退治するぞ」ねずみたちは、/米つきの杵をおじいさんに投げつけました。「アッ、/イタイタタタタッ。やめろ! やめろ!」欲張りなおじいさんは/何とか逃げ出して、/今度は鬼たちの家へ来ました。「イー/イー/イー、一番鶏、/二番鶏、/三番鶏」「何じゃこいつは? さては、/わしらの宝を盗んだのは、/こいつだな」「や、/やめてくれ」「捕まえたぞ。そーれ」怒った鬼たちは、/欲張りなおじいさんを/地獄へつながる谷底へ、/蹴っ飛ばしてしまいました。

1) 단어의 의미를 익힙시다.

欲張り 욕심쟁이/ぶちまける 들어붓다/飛び込む 뛰어들다/脅かす 위협하다/退治
퇴치하다/投げつける 내던지다/逃げ出す 도망치다/宝物 보물/盗む 훔치다/地獄 지옥/
つながる 이어지다/谷底 골짜기 바닥/蹴っ飛ばす 걷어차다

2) 연어의 의미를 익힙시다.

欲張りなおじいさん 심술궂은 할아버지/ざるに豆をいっぱい入れる 콩을 자루에
가득 넣다/豆を取る 콩을 집다(줍다)/宝物を盗む 보물을 훔치다/家に着く 집에 도착하
다/地獄へつながる谷底 지옥으로 이어지는 계곡의 밑바닥

3) 문법을 이해합시다.

① 食うたじゃろう → 食う＋た＋だろう의 예스런 말투

설명ㅣ현대 일본어 표현 형식으로 고치면 食っただろう(먹었지?)가 된다.

번역ㅣ먹었지?

② 返そうだってだめじゃ → 返す의 의지형＋だって＋だめ＋じゃ

설명ㅣ返す의 의지형 返そう는 의지 "되돌려 주겠다."라는 의미를 지닌다.
　　　だって는 としても의 회화체이고, だめじゃ는 だめだ의 예스런 말투
　　　이다.

번역ㅣ되돌려 주려고 해도 안 된다. 되돌려 주려고 해도 안 돼.

③ 投げつける → 投げる＋つける

설명ㅣ投げつける가 사전에 나오지 않는다면 投げる＋つける로 분해하면

그 전체적 의미를 추적할 수 있다. つける는 '붙이다, 부착하다'는 뜻

이을 나타내는데, 그러한 つける가 연결된 投げつける는 무엇인가를

던져서 그 무엇인가가 어딘가(심술궂은 할아버지)에 붙는다(명중하

다)는 뜻이다.

번역 | 내던지다

4) 아래의 일본어 질문에 일본어로 대답합시다.

① 欲張りなおじいさんは、赤い障子の家に行って、ねずみたちに何と言い

ましたか。

....

② 猫の声を聞いたねずみたちは、欲張りなおじいさんに何をしましたか。

....

③ 欲張りなおじいさんは、鬼たちの家でどんな目にあいましたか。

....

④ この話を聞いて何を感じましたか。

....

5) 이하의 단어를 인터넷에서 검색합시다.

 かまど、米つきの杵(きね)

↘ 본문 내용에 맞는 문장엔 O를, 맞지 않는 문장에는 ×를 표시하세요.

① ある日、おばあさんが家の掃除をしていると、米が一粒転げ落ちて、コ
　ロコロころっとかまどの中に入ってしましました。　　　　　　（　　　）

② すると、かまどの底にポッカリと穴が開いて、おじいさんは穴の中へ、
　ころころコロッと、転げ落ちてしまいました。　　　　　　　（　　　）

③ この先を進むと、黒い障子の家があるから米つきを手伝え。　（　　　）

④ またその先には、赤い障子の家があるから、天井裏に上って鶏の鳴きま
　ねをせい。　　　　　　　　　　　　　　　　　　　　　　　（　　　）

⑤ おじいさんは言われたとおりに先に進むと、赤い障子の家があって大勢
　のねこたちが嫁入り支度の米つきをしていました。　　　　　（　　　）

⑥ ねずみから赤い着物を受け取り、またしばらく行くと、崖の上に黒い障
　子の家がありました。　　　　　　　　　　　　　　　　　　（　　　）

⑦ その家の中では、大勢の鬼たちが、金銀を積んで花札をしていまし
　た。　　　　　　　　　　　　　　　　　　　　　　　　　　（　　　）

⑧ 怒った鬼たちは、欲張りなおじいさんを天国へつながる谷底へ、蹴っ飛
　ばしてしまいました。　　　　　　　　　　　　　　　　　　（　　　）

Unit 9

三枚のお札

昔話・きくドラ　脚色

어느 날 동자승이 주지스님에게 산속의 밤을 주우러 가겠다고 사정하니 주지스님은 산속에는 사람을 잡아먹는 마귀할멈이 산다며 난색을 표했다. 그래도 동자승이 완강히 요청하자 혹시나 만일의 사태에 대비하여 세 장의 부적을 동자승에게 건네준다. 동자승은 산속에서 밤을 줍다가 결국에는 마귀할멈에게 잡혀 잡아먹히게 되는 위기를 맞이하게 되는데 주지스님이 건네준 세 장의 부적으로 세 번의 위기를 무사히 넘긴다.

　　昔々、ある山寺の小坊主が、栗拾いに行きたくなりました。「和尚さん、山へ栗拾いに行ってもいいですか?」「ウン、栗拾いか。しかし山には鬼ばばが出るぞ」「でも、どうしても行きたいのです」仕方なく和尚さんは三枚のお札を小坊主に渡しました。「困ったことがあったら、このお札に願いをかけなさい。きっとお前を助けてくれるじゃろう」

　　小坊主は和尚さんと別れると山に入りました。山に入ると、大きな栗がたくさん落ちています。小坊主が夢中で栗拾いをしていると、突然目の前に鬼ばばが現れました。「うまそうな坊主じゃ。家に帰って食ってやろう」「ああっ!」小坊主は身がすくんでしまい、叫ぶことも逃げ出すことも出来ませ

ん。そしてそのまま鬼ばばの家へ連れて行かれてしまいました。恐ろしさの
あまり、小坊主が小さくなっていると鬼ばばは牙をむいて大きな口を開けまし
た。

　「ハーッ、大変だ。このままじゃ、食われてしまうぞ。あっ、そうだ」
「うんちがしたい」「何?うんちだと? ウン、あれは臭くてまずいからなあ。
仕方ない。早く行って出して来い」鬼ばばは小坊主の腰に縄をつけて、便所
に行かせてくれました。なかに入ると小坊主は早速縄をほどき、それを柱に結
びつけると、お札をはりつけました。「お札さん。おれの代わりに返事をし
ておくれ」小坊主はお札にそう言いつけると、窓から逃げ出しました。

　「坊主、うんちはまだか?」すると、お札が答えました。「ウン、もう少
し、もう少し」しばらくして、鬼ばばがまた聞きました。「坊主、うんちは
まだか」「ウーン、もう少し。もう少し」またしばらくして、鬼ばばが聞き
ました。「もう少し、もう少し」「もう我慢できん。早く出ろ!」鬼ばばは
しびれを切らして便所の扉を開けました。すると中はからっぽです。「よく
もいっぱい食わせたな。待て!」鬼ばばは叫びながら、夜道を走る小坊主を追
いかけて行きました。

　それに気づいた小坊主は、二枚目のお札を取り出しました。「川になれ!」
小坊主はお札を後に投げました。すると、後ろに川が現われて、鬼ばばは流
されそうになりました。けれど鬼ばばは大口を開けると、川の水をガブガブ
と飲み干して、追いかけてきます。「アッ!」小坊主はさらに追いかけてく
る鬼ばばを見て三枚目の札を出しました。「山火事になれ!」

小坊主は三枚目のお札を後ろに投げました。すると、後で山火事が起き
て、鬼ばばを通せん坊しましたが、鬼ばばはさっき飲んだ川の水を吐き出す
と、瞬く間に山火事を消してしまいました。鬼ばばはまた追いかけてきま
す。

　「お寺まであと少し」小坊主は命からがらお寺にたどり着くと、和尚さん
のもとへと走って行きました。「和尚さん、助けてください。鬼ばばです」
「だからやめておけと言ったのじゃ。まあ、任せておけ」和尚さんは小坊主
を後に隠すと追いかけてきた鬼ばばに言いました。

　「鬼ばばよ! わしの頼みを一つ聞いてくれたら坊主をお前にやるが、どう
だ?」「いいだろう。何が望みだ?」「聞くところによると、お前は山のよう
に大きくなることも、豆粒のように小さくなることも出来るそうだな」「あ
あ、そうだ」「よし、では豆粒のように小さくなってくれや」「お安いご
用」鬼ばばは答えて、豆粒のように小さくなりました。

　和尚さんはすかさず、鬼ばばを餅の中に丸め込むと一口で飲み込んでしまい
ました。「ウワー、ハッハハハ。ざっとこんなもんじゃい?」「ウッウー。
腹が痛いな。そう、便所に…」和尚さんが便所でうんちをすると、うんちの
中からたくさんのハエが飛び出してきました。ハエは鬼ばばが生まれ変わって
日本中に増えていったものだそうです。

<終り>

🔽 9.1 본문을 읽고 번역하세요. (~01:55)

　昔々、/ある山寺の小坊主が、/栗拾いに行きたくなりました。「和尚さん、/山へ栗拾いに行ってもいいですか?」「ウン、/栗拾いか。しかし/山には鬼ばばが出るぞ」「でも、/どうしても行きたいのです」仕方なく/和尚さんは三枚のお札を/小坊主に渡しました。「困ったことがあったら、/このお札に願いをかけなさい。きっと/お前を助けてくれるじゃろう」

　小坊主は/和尚さんと別れると/山に入りました。山に入ると、/大きな栗が/たくさん落ちています。小坊主が夢中で栗拾いをしていると、/突然目の前に/鬼ばばが現れました。「うまそうな坊主じゃ。家に帰って食ってやろう」「ああっ!」小坊主は身がすくんでしまい、/叫ぶことも逃げ出すことも出来ません。そして/そのまま鬼ばばの家へ/連れて行かれてしまいました。恐ろしさのあまり、/小坊主が小さくなっていると/鬼ばばは牙をむいて/大きな口を開けました。

1) 단어의 의미를 익힙시다.

山寺산사/小坊主어린 스님, 아기스님/栗拾い밤줍기/鬼ばば마귀할멈/仕方하는 수/
お札부적/渡す물건을)건네다/助ける돕다, 구조하다/別れる헤어지다/夢中열중/うま
い맛있다/身몸/すくむ움츠러지다/叫ぶ외치다/逃げ出す도망치다/連れる데리고 가다/
恐ろしい두렵다/牙엄니

2) 연어의 의미를 익힙시다.

鬼ばばが出る마귀할멈이 나오다/仕方ない하는 수 없다/お札を渡す부적을 건네다/
和尚さんと別れる주지스님과 헤어지다/栗がたくさん落ちる밤이 많이 떨어지다/夢
中で栗拾いをする정신없이(열심히) 밤을 줍다/鬼ばばが現れる마귀할멈이 나타나다/
身がすくむ몸이 움츠러지다/家へ連れて行く집으로 돌아가다/牙をむく엄니를 드러내
다/口を開ける입을 벌리다

3) 문법을 이해합시다.

① 栗拾いに行きたくなりました

→ 栗＋拾うの ます형＋に＋行く＋たい＋くなる＋ました

설명 | 拾う '줍다'가 拾い '줍기'가 되면서 동사에서 명사로 전성되었다. に
는 뒤에 이동 동사 行く가 옴에 따라 목적 '～러'로 해석된다.

번역 | 밤을 주우러 가고 싶어졌습니다.

② 栗拾いに行ってもいいですか → 栗拾い＋に＋行って＋も＋いい＋ですか

설명 | 동사의 て형에 もいいですか는 자신의 행동을 허락해줄 것을 상대방

에게 요청하는 표현이다.

번역 | 밤을 주우러 가도 좋습니까?

[연습] 図書館で勉強する、彼に会う、玄関で待つ、一人で電車に乗る

③ うまそうな坊主じゃ → うまい의 어간+そうだ의 연체형+坊主+じゃ

설명 | い형용사의 어간에 연결되는 そうだ는 화자의 분명한 추측을 나타낸
　　다. じゃ는 예스런 말투이다. 지금은 거의 사용되지 않는다.

번역 | 맛있어 보이는 중이군. 먹음직스러운 중이군.

④ 連れて行かれてしまいました

　　→ 連れて+行く의 수동형+て+しまう+ます+た

설명 | 連れて行かれる는 주어의 의사에 반해서, 억지로 혹은 거의 강제적으
　　로 데려가졌다는 것을 나타낸다. 그러나 한국어에서는 수동문이 일본
　　어만큼 발달해 있지 않으므로 능동문으로 번역하는 것이 자연스럽다.
　　連れて来る도 같은 맥락으로 連れて来られる로 표현할 수 있다. 이
　　경우에도 역시 "억지로 데려져 왔다."로 번역하기보다 "누군가가 (나
　　를)억지로 데려 왔다"로 번역하는 것이 자연스럽다.

번역 | 동자스님을 억지로 데려갔습니다./동자스님이 끌려갔습니다.

4) 아래의 일본어 질문에 일본어로 대답합시다.

① 山寺の小坊主は、ある日何をしに行きたくなりましたか。

     ....

② 山には、何が住んでいましたか。

     ....

③ 和尚さんは小坊主に、何を渡してあげましたか。

     ....

④ 小坊主が山に入ると、何がたくさん落ちていましたか。

     ....

⑤ 小坊主の前に、何が現れましたか。

     ....

⑥ 小坊主は、どこに連れて行かれましたか。

     ....

5) 이하의 단어를 인터넷에서 검색합시다.

 小坊主、お札

📥 9.2 본문을 읽고 번역하세요. (01:56~04:33)

「ハーッ、大変だ。このままじゃ、/食われてしまうぞ。あっ、/そうだ」
「うんちがしたい」「何? うんちだと? ウン、/あれは臭くてまずいからなあ。仕方ない。早く行って出して来い」鬼ばばは/小坊主の腰に縄をつけて、/便所に行かせてくれました。なかに入ると小坊主は/早速縄をほどき、/それを柱に結びつけると、/お札をはりつけました。「お札さん。おれの代わりに/返事をしておくれ」小坊主は/お札にそう言いつけると、/窓から逃げ出しました。

「坊主、/うんちはまだか?」すると、/お札が答えました。「ウン、/もう少し、/もう少し」しばらくして、/鬼ばばがまた聞きました。「坊主、/うんちはまだか」「ウーン、もう少し。もう少し」またしばらくして、/鬼ばばが聞きました。「もう少し、/もう少し」「もう/我慢できん。早く出ろ!」鬼ばばはしびれを切らして/便所の扉を開けました。すると/中はからっぽです。「よくもいっぱい食わせたな。待て!」鬼ばばは叫びながら、/夜道を走る小坊主を追いかけて行きました。

それに気づいた小坊主は、/二枚目のお札を取り出しました。「川になれ!」小坊主はお札を後に投げました。すると、/後ろに川が現われて、/鬼ばばは流されそうになりました。けれど/鬼ばばは大口を開けると、/川の水をカブカブと飲み干して、/追いかけてきます。「アッ!」小坊主は/さらに追いかけてくる鬼ばばを見て/三枚目の札を出しました。「山火事になれ!」

1) 단어의 의미를 익힙시다.

臭(くさ)い고약한 냄새가 나다/腰(こし)허리/縄(なわ)밧줄/便所(べんじょ)변소/早速(さっそく)재빨리/柱(はしら)기둥/はりつける 펼쳐서 다른 물건에 부착하다/言いつける명령하다/逃(に)げ出す도망치다/流れる흐르다 → 流す흘리다/答(こた)える대답/我慢(がまん)참음/扉(とびら)문/からっぽ텅 빔/いっぱい가득, 한방/夜道(よみち)밤길/追(お)いかける뒤를 쫓다/気(き)づく알아차리다/取(と)り出す꺼집어내다/投(な)げる던지다/大口(おおぐち)큰 입/カブカブ벌컥벌컥/飲(ほ)み干す죄다 마시다/山火事(やまかじ)산불

2) 연어의 의미를 익힙시다.

うんちをする대변을 보다/縄をつける밧줄을 걸다/縄をほどく밧줄을 풀다/返事 をする답을 하다/お札をはりつける부적을 붙이다/しびれを切らす지치다, 참지 못 하다/扉を開ける문을 열다/いっぱい食わせる한 방 먹이다

3) 문법을 이해합시다.

① 取り出す → 取る＋出す

설명 | 후항 동사 出す가 무조건 '갑자기)시작하다'의 뜻만 가지는 것은 아니 다. 出す의 기본적인 의미는 '내다'이다. 따라서 문맥에 따라서 '갑자 기)시작하다', 혹은 '내다'로 번역을 해야 한다. 한편 逃げ出す의 '뛰쳐 나오다'와 같이 '나오다(나가다)'로 자동사로 번역되는 경우도 있다.

번역 | 取り出す의 경우는 '안에 들어있는 것을)끄집어내다'로 번역하는 것 이 자연스럽다.

② 飲み干す → 飲む＋干す

설명 | 飲み干す가 사전에 등재되지 않았다면 飲む＋干す로 분해해서 그 의미를 추적할 수 있다. 飲む는 '마시다'이고 干す는 '비우다'이다.

번역 | 남김없이 모두 들이키다

4) 아래의 일본어 질문에 일본어로 대답합시다.

① 小坊主は鬼ばばに、何がしたいと言いましたか。

....

② 鬼ばばはどうして小坊主の腰に縄をつけて便所に行かせましたか。

....

③ 小坊主は縄をほどいてから、何を張り付けましたか。

....

④ 小坊主は一枚目の札に、何と呪文をかけましたか。

....

⑤ 小坊主は、どこから逃げ出しましたか。

....

⑥ 小坊主は二枚目の札に、何と呪文をかけましたか。

....

⑦ 鬼ばばは、川の水をどうしましたか。

....

⑧ 小坊主は三枚目の札に、何と呪文をかけましたか。

....

縄、便所、鬼ばば、山火事

9.3 본문을 읽고 번역하세요. (04:34～06:37)

小坊主は三枚目のお札を後ろに投げました。すると、/後で山火事が起きて、/鬼ばばを通せん坊しましたが、/鬼ばばはさっき飲んだ川の水を吐き出すと、/瞬く間に山火事を消してしまいました。鬼ばばは/また追いかけてきます。

「お寺まで/あと少し」小坊主は/命がらがらお寺にたどり着くと、/和尚さんのもとへと走って行きました。「和尚さん、/助けてください。鬼ばばです」「だからやめておけと言ったのじゃ。まあ、/任せておけ」和尚さんは小坊主を後に隠すと/追いかけてきた鬼ばばに言いました。

「鬼ばばよ! わしの頼みを一つ聞いてくれたら坊主をお前にやるが、/どうだ?」「いいだろう。何が望みだ?」「聞くところによると、/お前は山のように大きくなることも、/豆粒のように小さくなることも出来るそうだな」「ああ、/そうだ」「よし、/では/豆粒のように小さくなってくれや」「お安いご用」鬼ばばは答えて、/豆粒のように小さくなりました。

和尚さんはすかさず、/鬼ばばを餅の中に丸め込むと/一口で飲み込んでしまいました。「ウワー、/ハッハハハ。ざっとこんなもんじゃい?」「ウッウー。腹が痛いな。そう、便所に…」和尚さんが便所でうんちをすると、/うんちの中から/たくさんのハエが飛び出してきました。ハエは/鬼ばばが生まれ変わって/日本中に増えていったものだそうです。

1) 단어의 의미를 익힙시다.

山火事^{やまかじ}산불/通^はせん坊못 지나가도록 통행을 막는 것/吐^はき出^だす토해 내다/瞬^{またた}く間^ま눈
깜짝할 사이에/消^けす지우다, 끄다/命^{いのち}목숨/がらがら 달랑달랑/たどり着^つく당도하다/任^{まか}せ
る맡기다/豆粒^{まめつぶ}콩알/丸^{まる}め込^こむ말아넣다/飲^のみ込^こむ삼키다/飛^とび出^だす뛰쳐나오다/生^うまれ
変^かわる새로 태어나다/増^ふえる증가하다, 늘다

2) 연어의 의미를 익힙시다.

お札を後ろに投げる부적을 뒤로 던지다/瞬く間に눈 깜짝할 사이에/山火事が起き
る산불이 일어나다/水を吐き出す물을 토해내다/山火事を消す산불을 끄다/お寺にた
どり着く절에 당도하다/小坊主を隠す꼬마스님을 숨기다/一口で飲み込む한입에 삼키
다/腹が痛い배가 아프다/ハエが飛び出す파리가 튀어나오다/鬼ばばが生まれ変わる
마귀할멈이 다시 태어나다

3) 문법을 이해합시다.
   ① 日本中 → 本＋中(じゅう)
   설명 | 장소명사(시간명사)에 접미사 中(じゅう)를 붙이면 '특정 장소(시간)
        의 전체'를 나타내게 된다. 中를 ちゅう로 읽으면 동작이 진행중임을
        나타낸다. 会議中、勉強中、発表中、練習中
   번역 | 일본 전체, 전일본
   연습 アメリカ中、一時間中、一日中、一年中

4) 아래의 일본어 질문에 일본어로 대답합시다.

① 山火事に覆われた鬼ばばは、何をしましたか。

....

② 鬼ばばは、豆粒のように小さくなることができますか。

....

③ 和尚さんは、豆粒のように小さくなった鬼ばばをどうしましたか。

....

④ 和尚さんのうんちの中から、何が飛び出してきましたか。

....

⑤ この話を聞いて何を感じましたか。

....

5) 이하의 단어를 인터넷에서 검색합시다.

 豆粒

🔁 본문 내용에 맞는 문장엔 O를, 맞지 않는 문장에는 ✕를 표시하세요.

① 昔々、ある山寺の小坊主が、栗拾いに行きたくなりました。　（　　　）

② 仕方なく和尚さんは、四枚のお札を小坊主に渡しました。　（　　　）

③ 小坊主が夢中で米拾いをしていると、突然目の前に鬼ばばが現れました。　（　　　）

④ 恐ろしさのあまり、小坊主が大きくなっていると、鬼ばばは牙をむいて大きな口を開けました。　（　　　）

⑤ なかに入ると小坊主は早速縄をほどき、それを柱に結びつけると、お札をはりつけました。　（　　　）

⑥ けれど鬼ばばは大口を開けると、川の水をカブカブと飲み干して、追いかけてきます。　（　　　）

⑦ すると、後で山火事が起きて、鬼ばばをとうせんぼうしましたが、鬼ばばはさっき飲んだ川の水を吐き出すと、瞬く間に山火事を消してしまいました。　（　　　）

⑧ 小坊主は命がらがらお寺にたどり着くと、坊さんのもとへと走って行きました。　（　　　）

⑨ 和尚さんはすかさず、鬼ばばを餅の中に丸め込むと、一口で飲み込んでしまいました。　（　　　）

⑩ 和尚さんが便所でうんちをすると、うんちの中からたくさんのカエルが飛び出してきました。　（　　　）

Unit 10
竹取物語

昔話・きくドラ 脚色

대밭에서 채취해온 대나무로 바구니를 만들며 살아가던 할아버지가 어느 날 대밭에서 황금색으로 빛나는 한 그루의 대나무를 발견하게 된다. 그 대나무 안에는 엄지손가락 길이의 귀여운 여자 아이가 들어 있었는데 그 여자아이는 얼마 가지 않아 완벽한 미모를 지닌 여인으로 성장하게 된다. 수많은 남성들의 청혼을 거절하고 그 여인은 가슴 찢어지는 이별의 아픔을 뒤로 하고 달로 돌아가 버린다.

 모르는 단어를 체크하면서 본문을 들어봅시다.

昔、野山で竹を取り、かごを作るのが仕事の竹取の翁がいました。ある日のこと、いつものように竹薮に入ると、金色に輝く一本の竹が…。その筒の中には、三寸ほどの可愛い女の子が座っていました。<竹取物語>

「きっと子供のいないわしらに、神様が授けて下さったのだ」こうして女の子は翁と妻の媼二人に大切に育てられました。それからというもの、翁が竹薮に行くたびに、黄金が入っている竹を見つけ、いつの間にか二人は大金持に…。

そして女の子は、三月と経たないうちに、それはそれは美しい娘に成長し、なよたけのかぐや姫と名づけられました。かぐや姫の噂は国中に広まり、男たちが騒ぎ立て、結婚の申し出が後を絶ちません。「どうして結婚などしなけれ

ばならないのでしょうか。私はお二人のおそばにいたいですのに…」「わし
ももう七十五過ぎてしまった。わしの命が終わる前にいい婿を取って、心残り
のないようにしてほしい」「わかりました。では私への愛情が一番深い方とな
ら、私が見たいと思うものをお見せ下さった方と結婚いたしましょう」それは
到底手に入らない宝物ばかり。偽物をあたかも本物のように差し出すもの、職
人に作らせるもの、これらはすべて姫に見抜かれ、諦めたものや病に伏せてし
まったものも…。結局かぐや姫が結婚することはありませんでした。

　こうしているうちに、姫のうわさはときの帝の耳にも入りました。「その
かぐや姫に会ってみたいものだ」そうして、帝は狩りに行くふりをし、姫の
屋敷に会いに行きました。中に入ると、そこには眩いように照り輝く女がいま
す。「きっとこの人に違いない」帝はとっさに隠れようとしたかぐや姫の袖
を取りました。「なんて美しい。このまま連れて帰りたい」「私がこの国で
生まれたものでありますならばお宮仕えも致します。けれどそうではございま
せんから、お連れになることはかないません」

　帝はかぐや姫を連れて帰ることはしませんでしたが、それからというも
の、二人は文や歌を送りあう仲になりました。そうして、三年ばかり経った
春、かぐや姫は月を眺めては、悲しむようになりました。「月を見ずにはい
られないのです」これには翁も媼も心配でたまりません。そして七月十五日の
月夜、「大切なかぐや姫や。何をそんなに思い悩んでおるのか?」「実を申し
ますと、私はこの国の人間ではありません。月の都のものでございます。私
は月の世界で犯した罪を償うためにここへ来ました。ですがこの八月の十五夜

に迎えが来て、天上に帰らなくてはならないのです。そうなると、お二人が
お嘆きになるであろうと思い、悲しんでいたのでございます」

「なんとこれまで大事に育ててきたわが子を誰が迎えに来るというのか。
迎えが来たら、なんとしても追い返してやるのだ」このことは帝のもとにも
届きました。帝は二人に同情し、二千人の使者を送りました。そして十五夜
の夜、隙間なく屋敷を守り、媼は姫を抱えて土蔵の中に入り、翁がその戸口に
控えています。

夜も半ば、屋敷が光り始めると、その光は満月よりも何倍も明るくなり、
空から雲に乗った人々が天馬の引く車とともに降りてきました。すると、警護
していた者たちが弓矢をかまえようとしても戦う気などなくなり、力が抜けて
しまうのです。翁もただぼんやりと見つめることしか出来ません。

「翁よ。姫を早く返すがよい。姫の犯した罪も今はもう消えたのです。さ
あ、姫! この地上にいることはもうありません」使いのものがそういうと、不
思議にもかたく閉ざした土蔵が自然と開きました。「いよいよ、お別れのとき
が来ました」かぐや姫は翁に二通の文を渡し、天馬の引く車に乗り、空高くへ
と登って行きました。文は翁への形見。そしてもう一通は帝へ宛てたもの。

「天の羽衣をも着てお別れすることになった今、はじめてあなたさまをし
みじみと思い出します」そしてその文には、不死の薬が添えてありました。
「かぐや姫がいなくなった今、この薬も何の役に立とうと言うのか」帝は天
に一番近い駿河の国の山頂で、文と不死の薬を焚きました。その煙は、今で
も雲の中へ立ち上っているということであります。

<終り>

◢ **10.1 본문을 읽고 번역하세요.** (~02:30)

　昔、/野山で竹を取り、/かごを作るのが仕事の/竹取の翁がいました。ある日のこと、/いつものように/竹薮に入ると、/金色に輝く一本の竹が…。その筒の中には、/三寸ほどの/可愛い女の子が座っていました。＜竹取物語＞

　「きっと/子供のいないわしらに、/神様が授けて下さったのだ」こうして女の子は/翁と妻の媼二人に/大切に育てられました。それからというもの、/翁が竹薮に行くたびに、/黄金が入っている竹を見つけ、/いつの間にか二人は大金持ちに…。

　そして女の子は、/三月と経たないうちに、/それはそれは美しい娘に成長し、/なよたけのかぐや姫/と名づけられました。かぐや姫の噂は国中に広まり、/男たちが騒ぎ立て、/結婚の申し出が/後を絶ちません。「どうして/結婚などしなければならないのでしょうか。私は/お二人のおそばにいたいですのに…」「わしももう/七十五過ぎてしまった。わしの命が終わる前に/いい婿を取って、/心残りのないようにしてほしい」「わかりました。では/私への愛情が/一番深い方となら、/私が見たいと思うものをお見せ下さった方と/結婚いたしましょう」それは/到底手に入らない宝物ばかり。偽物をあたかも本物のように差し出すもの、/職人に作らせるもの、/これらはすべて姫に見抜かれ、/諦めたものや/病に伏せてしまったものも…。結局かぐや姫が/結婚することはありませんでした。

1) 단어의 의미를 익힙시다.

竹대나무/かご바구니/竹取대나무캐기/翁남자 노인의 존칭/竹薮대밭/金色황금색/ 輝く빛나다/三寸3치/可愛い귀엽다/神様하느님/授ける점지하다/媼여자 노인의 존칭 /大切だ소중하다/育てる키우다/黄金황금/経つ지나다/成長성장/なよたけ어린 대나 무/見つける찾아내다/名づける이름을 붙이다/噂소문/広まる퍼지다/騒ぎ立てる소 란을 피우다, 야단법석을 떨다/結婚결혼/申し出신청/後시간적)뒤/命목숨/婿사위/心残 り아쉬움, 미련이 남음/愛情애정/到底도저히/宝物보물/偽物위조품/本物진품/あたか も마치/差し出す내밀다/職人장인/姫귀인의 딸, 여자의 미칭/見抜く간파하다/諦める 체념하다/病병/伏せる드러눕다

2) 연어의 의미를 익힙시다.

竹を取る대나무를 캐다/かごを作る바구니를 만들다/金色に輝く황금색으로 빛나다 /竹を見つける대나무를 찾아내다(발견하다)/かぐや姫と名づける가구야히메라고 이 름 붙이다/噂が広まる소문이 퍼지다/三月と経たないうちに석달도 못가서/結婚の申 し出결혼 신청/後を絶ちません뒤를 끊지 않습니다, 즉 계속해서 이어집니다/命が終る 목숨이 다하다/いい婿を取る좋은 사위를 얻다/病に伏せる병으로 드러눕다/愛情が深 い애정이 깊다

3) 문법을 이해합시다.

① 行くたびに → 行く+たびに

설명ㅣ동사 기본형에 접속되는 たびに는 특정한 동작을 할 때 어떤 특정한

사건을 조우하거나 다른 특정한 동작을 한다는 의미를 나타낸다.

번역 | 갈 때마다

연습 市内にいく、バスに乗る、買い物をする、東京に来る

② お見せくださった方 → お＋見せ＋くださる＋た＋方

설명 | お는 존경을 나타내는 접두어이다. 동사의 어간에 접속된 くださる '(남이 나에게 주시다)'는 くれる(남이 나에게 주다)의 높임말이다. 見せてくださった로도 말할 수 있는데, お見せくださった보다 경의 의 정도가 낮다. お見せください와 見せてください를 예로 들어 말 하면 전자는 "보여 주십시오." 후자는 "보여 주세요." 정도로 번역될 수 있다.

번역 | 보여주신 분

4) 아래의 일본어 질문에 일본어로 대답합시다.

① 竹取の翁はある日、竹薮に入って何を見つけましたか。

....

② 竹の中には、どんな人が座っていましたか。

....

③ その翁は女の子を見て、何を考えましたか。

....

④ 竹取の翁は竹薮に行くたびに、何を見つけましたか。

....

⑤ 女の子の名前は、何と名づけられましたか。

....

⑥ 竹取の翁の年は、何歳ですか。

....

⑦ かぐや姫は、誰かと結婚しましたか。

....

5) 이하의 단어를 인터넷에서 검색합시다.

竹取、竹取の翁、竹藪、かぐや姫

　こうしているうちに、/姫のうわさは/ときの帝の耳にも入りました。「そのかぐや姫に/会ってみたいものだ」そうして、/帝は狩りに行くふりをし、/姫の屋敷に会いに行きました。中に入ると、/そこには/眩いように照り輝く女がいます。「きっと/この人に違いない」帝は/とっさに隠れようとした/かぐや姫の袖を取りました。「なんて/美しい。このまま/連れて帰りたい」「私が/この国で生まれたものでありますならば/お宮仕えも致します。けれど/そうではございませんから、/お連れになることはかないません」

　帝は/かぐや姫を連れて帰ることはしませんでしたが、/それからというもの、/二人は/文や歌を/送りあう仲になりました。そうして、/三年ばかり経った春、/かぐや姫は/月を眺めては、/悲しむようになりました。「月を見ずには/いられないのです」これには/翁も媼も/心配でたまりません。そして/七月十五日の月夜、/「大切なかぐや姫や。何をそんなに思い悩んでおるのか?」「実を申しますと、/私は/この国の人間ではありません。月の都のものでございます。私は/月の世界で犯した罪を償うために/ここへ来ました。ですがこの八月の十五夜に迎えが来て、/天上に帰らなくてはならないのです。そうなると、/お二人がお嘆きになるであろうと思い、/悲しんでいたのでございます」

　「なんと/これまで大事に育ててきたわが子を/誰が迎えに来るというのか。迎えが来たら、/なんとしても追い返してやるのだ」このことは/帝のもとにも届きました。帝は二人に同情し、/二千人の使者を送りました。そして/十五夜の夜、/隙間なく屋敷を守り、/媼は姫を抱えて土蔵の中に入り、/翁がその戸口に控えています。

1) 단어의 의미를 익힙시다.

帝천황/狩り사냥/屋敷저택/眩い눈부시다/照り輝く아름답게 빛나다/とっさに바로/隠れる숨다/袖소매/お宮仕え궁에서 시중듦/致す(する의 겸양어)하옵다/文편지(고어)/仲사이/眺める바라보다/悲しむ슬퍼하다 → 悲しい슬프다/思い悩む번민하다/月の都달의 도읍지/犯す범하다/償う속죄하다/迎え마중 오는 사람, 저승사자/天上천상/わが子우리아이/迎える맞이하다/十五夜보름날 밤/追い返す내쫓다/届く배달되다, 닿다/同情동정/使者사자/隙間빈틈/抱える안다, 거느리다/渡す건네다/土蔵흙벽으로 된 곳간/戸口집)출입구, 문간/控える대기하다, 기다리다

2) 연어의 의미를 익힙시다.

耳に入る귀에 들어가다/狩りに行く사냥하러 가다/眩いように照り輝く女눈이 부시도록 찬란히 빛나는 여자/とっさに隠れる곧바로 숨다/袖を取る소매를 잡다/月を眺める달을 바라보다/犯した罪범한 죄/罪を償う속죄하다/天上に帰る천상으로 돌아가다/使者を送る사자를 보내다/隙間なく빈틈없이/屋敷を守る저택을 지키다/戸口に控える출입구에서 대기하다/弓矢をかまえる활과 화살을 겨누다/力が抜ける힘이 빠지다/戦う気싸울 마음

3) 문법을 이해합시다.

① 狩りに行くふりをする → 狩る의 ます형＋に＋行く＋ふり＋を＋する

설명 I 동사의 기본형에 연결되는 ふりをする는 '…하는 척을 하다'라는 의미를 나타낸다.

번역 | 사냥하러 가는 척을 하다.

〔연습〕 本を買う、バスを待つ、新聞を読む、電話をする

② お連れになる → お＋連れる의 ます형＋に＋なる

설명 | 존경 접두어 お＋동사의 연용형＋になる는 존경 표현 공식으로 생각
하면 된다.

번역 | 連れる는 '데려가다'는 뜻이지만, お連れになる는 '데려가시다'라는 뜻
이 된다.

〔연습〕 お酒を飲む、本を書く、ここで待つ、新聞を読む、田中さんに会う

③ それからというもの → 그 후로

④ 送り合う → 送る의 ます형＋合う

설명 | 동사의 ます형에 合う가 결합하여 '서로…하다'라는 뜻이 된다.

번역 | 서로 보내다

〔연습〕 愛する、なぐる、ほめる、殺す

⑤ 心配でたまりません → 心配だ의 중지형＋たまりません

설명 | な형용사의 중지형에 연결된 たまりません는 어떤 상태여서 견딜 수
없다는 뜻을 나타낸다. い형용사는 くて형에 たまりません이 연결된
다. 寒い → 寒くてたまりません

번역 | 걱정이 되어서 견딜 수 없습니다(참을 수 없습니다).

〔연습〕 不便だ、ふまじめだ、不親切だ

4) 아래의 일본어 질문에 일본어로 대답합시다.

① かぐや姫は帝と一緒に、お宮へ行きましたか。

....

② かぐや姫は何を見て、悲しむようになりましたか。

....

③ かぐや姫は、どこから来た人ですか。

....

④ どうしてかぐや姫は、ここにきましたか。

....

⑤ いつどこから誰が、かぐや姫のところに来ますか。

....

⑥ かぐや姫は、どうして悲しんでいましたか。

....

⑦ 帝はかぐや姫の家に、誰を何人送りましたか。

....

5) 이하의 단어를 인터넷에서 검색합시다.

> e 狩り、屋敷、帝、お宮仕え、八月の十五夜、使者

⬃ 10.3 본문을 읽고 번역하세요. (05:33 ~ 07:45)

夜も半ば、/屋敷が光り始めると、/その光は/満月よりも何倍も明るくなり、/空から雲に乗った人々が/天馬の引く車とともに降りてきました。すると、/警護していた者たちが/弓矢をかまえようとしても/戦う気などなくなり、/力が抜けてしまうのです。翁もただ/ぼんやりと見つめることしか出来ません。

「翁よ。姫を早く返すがよい。姫の犯した罪も/今はもう/消えたのです。さあ、/姫! この地上にいることは/もうありません」使いのものがそういうと、/不思議にも/かたく閉ざした土蔵が/自然と開きました。「いよいよ、/お別れのときが来ました」かぐや姫は/翁に二通の文を渡し、/天馬の引く車に乗り、/空高くへと登って行きました。文は/翁への形見。そしてもう一通は/帝へ宛てたもの。

「天の羽衣をも着て/お別れすることになった今、はじめて/あなたさまをしみじみと/思い出します」そして/その文には、/不死の薬が添えてありました。「かぐや姫がいなくなった今、/この薬も/何の役に立とうと言うのか」帝は/天に一番近い駿河の国の山頂で、/文と/不死の薬を焚きました。その煙は、/今でも/雲の中へ立ち上っているということであります。

1) 단어의 의미를 익힙시다.

満月 보름달/警護 경호/弓矢 활과 화살/戦う 싸우다/ただ 다만/ぼんやりと 멍청하게/
不思議だ 이상하다/見つめる 주시하다/形見 추억거리, 유품/宛～ 앞으로 보내다/天の
羽衣 하늘의 날개옷/しみじみと 깊이, 절실히/思い出す 생각해 내다/不死の薬 불사의 약
/添える 덧붙이다/駿河 시즈오카(静岡) 중부를 가리키는 옛 지명/山頂 산꼭대기/焚く 불
로 태우다/煙 연기/立ち上がる 피어오르다

2) 연어의 의미를 익힙시다.

弓矢をかまえる 활을 겨누다/力が抜ける 힘이 빠지다/役に立つ 도움이 되다/ぼん
やりと見つめる 멍청하게 바라보다/不思議にも 이상하게도/固く閉ざす 단단히 닫다/
自然と開く 저절로 열리다

3) 문법을 이해합시다.

① 添えてありました → 添える＋て＋ありました

설명 | 타동사의 て형에 연결되는 ある는 주어의 인위적인 동작으로 인한
결과 상태를 나타낸다.

번역 | 첨부되어져 있었습니다. → 같이 들어 있었습니다.

[연습] かく、本をおく、ポスターをはる

4) 아래의 일본어 질문에 일본어로 대답합시다.

① 空から雲に乗った人々は、何とともにかぐや姫の屋敷に降りてきましたか。

....

② 警護していた者たちは、どうなりましたか。

....

③ かぐや姫は翁に、何を渡しましたか。

....

④ 帝に宛てた手紙には、何が添えてありましたか。

....

⑤ 帝はかぐや姫にもらったものをどうしましたか。

....

⑥ この話を聞いて何を感じましたか。

....

5) 이하의 단어를 인터넷에서 검색합시다.

> e 天馬、 弓矢、 土蔵、 形見、 天の羽衣

◪ 본문 내용에 맞는 문장엔 ○를, 맞지 않는 문장에는 ×를 표시하세요.

① こうして女の子は翁と妻の嫗(おうな)二人に大切に育てられました。(　　　)

② それからというもの、翁が竹薮に行くたびに、金銀が入っている竹を見

つけ、いつの間にか二人は大金持ちに…。　　　　　　　　　(　　　)

③ そして女の子は、五月と経たないうちに、それはそれは美しい娘に成長

し、なよたけのかぐや姫と名づけられました。　　　　　(　　　)

④ かぐや姫の噂は国中に広まり、男たちが騒ぎ立て、結婚の申し出が後を

絶ちません。　　　　　　　　　　　　　　　　　　　　(　　　)

⑤ では私への愛情が一番深い方となら、私が見たいと思うものをお見せ下

さった方と結婚いたしましょう。　　　　　　　　　　　(　　　)

⑥ 帝はかぐや姫を連れて帰ることはしませんでしたが、それからというも

の、二人は文や歌を送りあう仲になりました。　　　　　(　　　)

⑦ そうして、五年ばかり経った春、かぐや姫は月を眺めては、悲しむよう

になりました。　　　　　　　　　　　　　　　　　　　(　　　)

⑧ 私は月の世界で犯した罪を償うためにここへ来ました。ですが、この九

月の十五夜に迎えが来て、天上に帰らなくてはならないのです。(　　　)

⑨ そして十五夜の夜、隙間なく屋敷を守り、嫗は姫を抱えて土蔵の中に入

り、翁がその戸口に控えています。　　　　　　　　　　(　　　)

⑩ 夜も半ば、屋敷が光り始めると、その光は満月よりも何倍も明るくな

り、空から雲に乗った人々が、龍馬の引く車とともに降りてきました。

(　　　)

Unit 11

かぶと虫

(1939年)

槇本楠郎(1898〜1956) 作

きくドラ 脚色

본문의 이해를 위해 대강의 줄거리를 파악합시다.

저마다 투구벌레에 끈을 묶어 장난감을 끌게 하면서 노는 아이들. 그런데 여자아이의 투구벌레가 일전에 히로시마에 사는 숙모로부터 받은 반지를 몸에 지닌 채 높이 날아가다 나뭇가지에 걸려 멈춰 버린다. 그 상황을 지켜보던 주인공은 어린 시절 고향마을에서 나무 오르기를 하며 놀던 경험을 살려 나무를 타고 올라가 여자아이의 반지를 되찾아 준다. 시골에서 돈을 벌기 위해 상경하여 가정부로 살아가는 여자 주인공은 이 사건을 통해 험난한 세상살이를 당당하게 살아가고자 마음먹는다.

 모르는 단어를 체크하면서 본문을 들어봅시다.

小学四年の有一君と二年の真奈ちゃんは競争で、毎朝涼しいうちに夏休みのおさらい帳を勉強します。今日も済ませたばかりのところへ、お隣に住む真奈ちゃんの同級生宗ちゃんが、きれいなお菓子箱を抱えて内庭に入って来ました。「こんにちは。ねーね。有一君。真奈ちゃん。いいものあげようか」「本当に? ちょうだい、ちょうだい」「あたしにもちょうだい」「ヒッヒヒ、チャーン」「あーあ、はあ、びっくりした。まんじゅうかと思ったら、かぶと虫か」「宗ちゃんのバカ。私、まだ胸がドクドクしてるわ。ちっともいいものじゃないじゃないの。変な虫。いやな虫。今度見せたら私叩き落と

して、下駄で踏みつぶしてやるから…」「ハハハ。そう怒るなよ。これは珍しい虫なんだぞ。よく見ろよ。まるで陸軍のタンクみたいじゃないか。おお、いいこと思いついた。真奈! 部屋からありったけの汽車とか自動車とかをもってきて、かぶと虫に引かすんだ。とっても面白いぞ」

　そう言って真奈ちゃんが子供部屋へおもちゃを取りに行き、有一君は女中部屋へかぶと虫をくくる糸をもらいに行きました。「あらあら! かぶと虫をくくるんですね。おもちゃの車を引かすんですか。じゃ、赤い糸がきれいでいいでしょう。だけど、かぶと虫はおっかなくて、なかなかくくれませんよ。私がくくってあげましょう」

　縁側に来てみると、かぶと虫の箱のわきに、ブリキやセルロイドで作った小さな車のおもちゃを、真奈ちゃんがどっさりもって来ていました。「あらまあ! いっぱいのおもちゃですね。ヒヒ、では早速くくりましょうか」かぶと虫は六本の足を広げて、赤や青や黄や紫の自動車や汽車や大砲やタンクや乳母車を五つも六つも一緒に引いて、ぞろ、ぞろっと縁側をはっていきます。

　「ヒッヒヒヒ、そうだ。オリンピックをさせてみてはどうでしょう。五匹を一列に並べて…」「ハア。すごい。それ面白そう。じゃ、ここをスタート地点にして…」「お君、お君。ちょっと来てちょうだい。どこ行ったのかしら? お、いたいた。ちょっとお君。いったい何やってるの?」「だめだめ。お母さん。姉やも応援してるんだから。今オリンピック大会が始まってるんだよ」「お母さんも来てごらん。日本のかぶと虫が一着になりそうなの。早く来て応援してよ。フレー、フレー、日本。フレー、フレー、かぶと虫!」

「まあ、可哀想に! 五つも六つも車を引かせるなんて。誰がこんないたずらを考えたの? 競争させるんでしたら、車を一つぐらいになさい」「じゃ、ほら! あたいのかぶと虫は、こんなにきれいなものを引っ張るのよ。速いでしょう」真奈ちゃんは、自分の応援しているかぶと虫に、あわい貝殻で作ったきれいな指輪を、かぶと虫の赤い糸に結びつけて得意気にしています」「はあ? ずるいぞ真奈。そんな軽いのつけたら、速いに決まってるじゃないか。エッ エーイ!」「あ、お兄ちゃん。ひどい。ひっくり返さないでよ。アッ!」

　ひっくり返されたかぶと虫は、仰向けになったまま、もぞもぞとしていましたが、そのうち黒い羽を開いて、ブルルブルルと震わせだし、あっという間にくるっと起き上がり、そのまま空中に飛びあがり、庭の空に舞い上がってしまいました。真奈ちゃんの大切な指輪を、赤い糸の先にぶら下げたまま。「あ、あんな高いところに止まっちゃった」「騒々しいな。一体何を騒いでいるんだ」「ああ、お父さん。指輪を取り戻して。ねえ、真奈の大事な大事な広島のおばさんからいただいた指輪なの。ね、ねえ」「あなた、あれを取ることはできませんか」「あ、少し高すぎるかな。あいにく、私は木登りができないしな。ハッハハハ!」「ほら! 見えるでしょう。あんな高いところへ、柿の木のてっ辺に逃げていっちゃったんだけど…」

　「取ってあげましょうか」「あの柿の木へ逃げていったんですよね」「取れる? 姉やにとれる?」「取れますとも。すぐ取れますよ。でも、みんな見ていらっしゃると、恥ずかしいわ。私一人ならすぐ登って取るんだけど…」「はあ、姉やが取れるって、お母さん、お父さん。姉やが木登りができるんだって。あの指輪からすぐ取ってくれるんですって…」「お前、本当な

の?」「そうか、木登りができるのか。だが、あれは取ってこられるのか」「姉やは偉いんだね。お父さんよりも偉いや」「私なんぞは、田舎にいるとき、子守をさせられながらも、よくこっそりともっと高い木に登っていたのに。都会の人がみんな賢くて偉いと思っていたのがバカみたい。案外みんな意気地なしなんですね」「本当に取ってほしいですか。本当に取ってきてあげましょうか」「本当に取って」「だけど、お前。本当に木登りができるの?」「おこちたら大変ですよ」「危ないぞ。本当に大丈夫なのか」「じゃ、本当に取ってきてあげましょうね。よし」

　姉やは雨がえるが幹によじ登る時と同じように、手と足と伸ばしたり縮めたりして段々上へ上へと登って行きました。もし今、あのかぶと虫が飛び出したらもうそれっきりですし、その拍子に姉やが手でも離したら、それこそ大変なことだとみんなハラハラでした。けれど姉やは落ち着きはらって、どんどん上へ登って行きます。そしてとうとう赤い糸にぶら下がっている指輪を右手でつかみました。「アーアッ!」「騒ぐな。これからが危ないのだ。気をゆるめるな。お君」「エッヒヒヒ、みんな小さい。旦那様の口ひげ、奥様のお白い顔、坊ちゃんも嬢ちゃんも嬉しそう。ウッフフフ!」

　お君は初めて自分がみんなにも負けないだけの強い力をもっていることが感じられ、急に大胆な気もちになれるのでした。そしてこの心もちを忘れずに、住みにくい苦しい世の中を、元気に渡って行かなければならぬのだと、おぼろげながら考えるのでした。「はい、取れましたよ。お嬢さん。もう飛ばさないようになさいな」「偉い子だね。お君は…」「そうですわ。黙っていますけど、あの子はしっかりしています」「そうさ、お父さんなんかより

偉いや。女の子のくせにあんなところまで登れるんだもの」「姉やは豪傑
ね」「ハッハハハ、ハッハハハ、ハッハハハ…。」

＜終り＞

⬇ 11.1 본문을 읽고 번역하세요. (〜02:05)

　小学四年の有一君と/二年の真奈ちゃんは競争で、/毎朝涼しいうちに/夏休み
のおさらい帳を勉強します。今日も/済ませたばかりのところへ、/お隣に住む
真奈ちゃんの同級生/宗ちゃんが、きれいなお菓子箱を抱えて/内庭に入って来
ました。「こんにちは。ねーね。有一君。真奈ちゃん。いいものあげよう
か」「本当に? ちょうだい、/ちょうだい」「あたしにもちょうだい」
「ヒッヒヒ、/チャーン」「あーあ、はあ、びっくりした。まんじゅうかと
思ったら、/かぶと虫か」「宗ちゃんのバカ。私、まだ胸がドクドクしてる
わ。ちっともいいものじゃないじゃないの。変な虫。いやな虫。今度見せた
ら/私叩き落として、下駄で/踏みつぶしてやるから…」「ハハハ。そう怒る
なよ。これは珍しい虫なんだぞ。よく見ろよ。まるで陸軍のタンクみたい
じゃないか。おお、いいこと思いついた。真奈! 部屋から/ありったけの汽車
とか/自動車とかをもってきて、/かぶと虫に引かすんだ。とっても面白いぞ」

　そう言って真奈ちゃんが/子供部屋へおもちゃを取りに行き、/有一君は女中
部屋へ/かぶと虫をくくる糸をもらいに行きました。「あらあら! かぶと虫を
くくるんですね。おもちゃの車を引かすんですか。じゃ、/赤い糸がきれいで
いいでしょう。だけど、/かぶと虫はおっかなくて、/なかなかくくれません
よ。私がくくってあげましょう」

1) 단어의 의미를 익힙시다.

競争경쟁/涼しい서늘하다/おさらい帳복습장/同級生동급생/お菓子箱과자상자/抱える껴안다/内庭안마당/かぶと虫투구벌레/胸가슴/叩き落す때려서 떨어뜨리다/下駄게타(일본식 나막신)/踏みつぶす밟아 으깨다(뭉개다)/珍しい드물다/陸軍육군/子供部屋아이방/女中部屋가사 도우미방/糸실

2) 연어의 의미를 익힙시다.

お菓子箱を抱える과자통을 안다/胸がドクドクする가슴이 두근거리다/珍しい虫드문 벌레/いいことを思いつく좋은 것이 생각나다/かぶと虫をくくる투구벌레를 묶다/おもちゃの車を引く장난감차를 끌다/どっさりもってくる잔뜩 가져오다

3) 문법을 이해합시다.

① 叩き落とす → 叩く＋落とす

설명ㅣ叩き落とす라는 말이 사전에 나오지 않으면 叩く＋落とす로 분해서 그 의미를 추적하면 된다.

번역ㅣ叩き落とす는 '때리다'와 '떨어뜨리다'가 합성한 '때려 떨어뜨리다'로 번역할 수 있다.

② なかなかくくれませんよ → なかなか＋くくる의 가능형＋ません＋よ

설명ㅣなかなか의 뒤에 긍정형이 오면 なかなか는 '꽤, 상당히'로 번역된다. 반대로 부정형이 오면 '좀처럼'으로 번역된다.

번역ㅣ좀처럼 묶여지지 않네요. 좀처럼 매어지지 않네요.

4) 아래의 일본어 질문에 일본어로 대답합시다.

① 有一君は、何年生ですか。

....

② 真奈ちゃんは、何年生ですか。

....

③ 二人は毎朝、何を勉強しますか。

....

④ 宗ちゃんは、誰と同級生ですか。

....

⑤ 宗ちゃんは、何をもってきましたか。

....

⑥ その中には、何が入っていましたか。

....

⑦ 真奈ちゃんは、それが好きでしたか。

....

⑧ 真奈ちゃんは、それをどうすると言いましたか。

....

⑨ 宗ちゃんは真奈ちゃんに、何を持ってくるように言いましたか。

....

⑩ それを聞いた真奈ちゃんは、どこへ何をしに行きましたか。

....

⑪ 有一君は、どこへ何をしに行きましたか。

....

5) 이하의 단어를 인터넷에서 검색합시다.

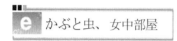 かぶと虫、女中部屋

縁側に来てみると、/かぶと虫の箱のわきに、/ブリキや/セルロイドで作った小さな車のおもちゃを、/真奈ちゃんがどっさりもって来ていました。「あらまあ! いっぱいのおもちゃですね。ヒヒ、/では/早速くくりましょうか」かぶと虫は六本の足を広げて、/赤や青や黄や紫の/自動車や汽車や大砲やタンクや乳母車を/五つも六つも/一緒に引いて、/ぞろ、/ぞろっと/縁側をはっていきます。

「ヒッヒヒヒ、/そうだ。オリンピックをさせてみてはどうでしょう。五匹を一列に並べて…」「ハア。すごい。それ面白そう。じゃ、ここをスタート地点にして…」「お君、/お君。ちょっと来てちょうだい。どこ行ったのかしら? お、/いたいた。ちょっとお君。いったい何やってるの?」「だめだめ。お母さん。姉やも応援してるんだから。今オリンピック大会が始まってるんだよ」「お母さんも来てごらん。日本のかぶと虫が一着になりそうなの。早く来て応援してよ。フレー、フレー、日本。フレー、フレー、かぶと虫!」「まあ、/可哀想に! 五つも六つも車を引かせるなんて。誰がこんないたずらを考えたの? 競争させるんでしたら、/車を一つぐらいになさい」「じゃ、/ほら! あたいのかぶと虫は、/こんなにきれいなものを引っ張るのよ。速いでしょう」真奈ちゃんは、/自分の応援しているかぶと虫に、/あわい貝殻で作ったきれいな指輪を、/かぶと虫の赤い糸に結びつけて/得意気にしています」「はあ? ずるいぞ真奈。そんな軽いのつけたら、/速いに決まってるじゃないか。エッエーイ!」「あ、お兄ちゃん。ひどい。ひっくり返さないでよ。アッ!」

1) 단어의 의미를 익힙시다.

縁側툇마루/わき옆/ブリキ양철/セルロイド셀룰로이드/どっさり듬뿍, 많이/広げる펼치다, 확장하다/黄노랑/紫보라/大砲대포/這う기다/ぞろぞろ졸졸/乳母車유모차/一列일렬/並べる늘어세우다/スタート地点스타트지점/応援응원/大会대회/一着일등/可哀想だ불쌍하다/いたずら장난/引っ張る잡아당기다/あわい색이)옅다/貝殻조개껍질/指輪반지/結びつける결부시키다/得意気만족함, 자랑스러움/ずるい교활하다/ひっくり返す뒤집어엎다

2) 연어의 의미를 익힙시다.

どっさりもってくる잔뜩(몽땅) 가져오다/足を広げる다리를 벌리다/縁側を這う툇마루를 기다/オリンピック大会が始まる올림픽대회가 시작되다 → 大会を始める대회를 시작하다/一列に並べる일렬로 나열시키다 → 一列に並ぶ일렬로 늘어서다/車を引く차를 끌다/あわい貝殻옅은 색의 조개껍질/赤い糸に結びつける붉은 실에 매다

3) 문법을 이해합시다.

① 速いに決まってる → 速い＋に＋決まって＋いる

설명 | 명사, 동사(い형용사 기본형)＋に決まってる는 주어의 행동이 틀림없이 실현될 것을 예측하는 표현이다. ～に違いない보다 확실도가 높다. '～임이 뻔하다'

번역 | 빠를 것임에 틀림없다/당연히 빠를 것이다/빠를 것이 뻔하다.

연습 東京は暑い、すぐ冷める、金もうけ

② ひっくり返さないでよ → ひっくり返す＋ない＋で＋よ

설명 | ひっくり返さないで는 ひっくり返さないでくれ의 준말이다.

번역 | 뒤집어 엎지마!

연습 こっちに来る、ジュースを飲む、テレビを見る

4) 아래의 일본어 질문에 일본어로 대답합시다.

① かぶと虫の足は、全部で何本ですか。

....

② かぶと虫は、何個のおもちゃを引きましたか。

....

③ お母さんはかぶと虫が、いくつの車を引くようにした方がいいと言いま

したか。

....

④ 真奈ちゃんはかぶと虫の赤い糸に、何を結びつけましたか。

....

5) 이하의 단어를 인터넷에서 검색합시다.

 縁側、貝殻

11.3 본문을 읽고 번역하세요. (04:37～07:17)

ひっくり返されたかぶと虫は、/仰向けになったまま、/もぞもぞとしていましたが、/そのうち黒い羽を開いて、/ブルルブルルと震わせだし、/あっという間に/くるっと/起き上がり、/そのまま/空中に飛びあがり、/庭の空に舞い上がってしまいました。真奈ちゃんの大切な指輪を、/赤い糸の先にぶら下げたまま。「あ、/あんな高いところに止まっちゃった」「騒々しいな。一体何を騒いでいるんだ」「ああ、お父さん。指輪を取り戻して。ねえ、/真奈の大事な/大事/広島のおばさんからいただいた指輪なの。ね、/ねえ」「あなた、/あれを取ることはできませんか」「あ、/少し高すぎるかな。あいにく、/私は木登りができないしな。ハッハハハ！」「ほら！ 見えるでしょう。あんな高いところへ、/柿の木のてっ辺に逃げていっちゃったんだけど…」

　「取ってあげましょうか」「あの柿の木へ逃げていったんですよね」「取れる? 姉やにとれる?」「取れますとも。すぐ取れますよ。でも、/みんな見ていらっしゃると、/恥ずかしいわ。私一人なら/すぐ登って取るんだけど…」「はあ、/姉やが取れるって、/お母さん、/お父さん。姉やが木登りができるんだって。あの指輪からすぐ取ってくれるんですって…」「お前、/本当なの?」「そうか、/木登りができるのか。だが、/あれは取ってこられるのか」「姉やは偉いんだね。お父さんよりも偉いや」「私なんぞは、/田舎にいるとき、/子守をさせられながらも、/よくこっそりと/もっと高い木に登っていたのに。都会の人がみんな賢くて偉いと思っていたのがバカみたい。案外/みんな意気地なしなんですね」「本当に取ってほしいですか。本当に取ってきてあげましょうか」「本当に取って」「だけど、/お前。本当に木登りがで

きるの?」「おこちたら/大変ですよ」「危ないぞ。本当に大丈夫なのか」
「じゃ、/本当に取ってきてあげましょうね。よし」

1) 단어의 의미를 익힙시다.

仰向け<ruby>あおむ</ruby>위를 봄/もそもぞ꿈지럭꿈지럭/羽<ruby>はね</ruby>날개/震う<ruby>ふる</ruby>떨리다/あっという間に<ruby>ま</ruby>눈 깜짝

할 사이에/くるっと홱, 빙, 뱅그르르/起き上がる<ruby>お</ruby>일어나다/ぶら下げる<ruby>さ</ruby>늘어뜨리다/

空中<ruby>くうちゅう</ruby>공중/止まる<ruby>と</ruby>멈추다/飛びあがる날아오르다/舞い上がる<ruby>ま</ruby>날아오르다/ぶら下げる

늘여뜨리다 → ぶら下がる처지다/騒々しい<ruby>そうぞう</ruby>시끄럽다/取り戻す<ruby>もど</ruby>되돌리다/柿の木<ruby>かき</ruby>감나

무/てっ辺꼭대기<ruby>べん</ruby>/恥ずかしい부끄럽다/木登り<ruby>きのぼ</ruby>나무오르기/田舎<ruby>いなか</ruby>시골/こっそり남몰래,

살짝/都会<ruby>とかい</ruby>도회지/賢い<ruby>かしこ</ruby>똑똑하다/偉い<ruby>えら</ruby>훌륭하다/案外<ruby>あんがい</ruby>뜻밖에/意気地<ruby>いくじ</ruby>기개

2) 연어의 의미를 익힙시다.

仰向けになる위를 향해 눕다/羽を開く날개를 펼치다/羽を震いだす날개를 떨기 시

작하다/あっという間に눈 깜짝할 사이에/くるっと起き上がる발딱 일어나다/空中に

飛びあがる공중으로 날아오르다/高いところに止まる높은 곳에 멈추다/木登りをす

る나무를 오르다/子守をする아기를 보다

3) 문법을 이해합시다.

① 高すぎる → 高い의 어간＋すぎる

설명 | い형용사의 어간에 연결된 すぎる는 정도가 지나치다는 의미를 나타

　　　낸다. 동사의 어간에 연결되는 경우, 本を読む → 本を読みすぎる와

　　　같은 형태로 변형된다.

번역 | 너무 높다.

[연습] 背が大きい、カバンが重い、小説を読む、映画を見る

② 逃げていっちゃったんだけど

　　→ 逃げて＋いく＋ちゃっ＋た＋ん＋だ＋けど

설명 I ちゃった는 てしまった의 축약형이다. 회화체에서 주로 사용된다.

번역 I 도망쳐버렸는데.

③ 子守をさせられながらも → 子守を＋する의 사역형＋수동형＋ながらも

설명 I 동사의 사역형＋수동형 구조가 지니는 의미는 '～을 억지로 하다.'이
　　다. 한국어에는 존재하지 않는 표현 형식이다. 子守をしながらも로
　　표현하면 '～을 억지로 하다.'라는 뜻은 나오지 않는다. 오히려 화자
　　(표현자)가 자발적으로 아기를 돌본다는 의미가 성립한다.

번역 I 억지로 아기보기를 하면서도

　[연습]　酒を飲む、ここに来る、彼に会う、玄関で待つ

④ 木登りができるんだって → 木登りが＋できる＋ん＋だって

설명 I できる에 접속된 ん은 동사(형용사)의 의미를 강조한다. だって는 전문
　　용법을 지니는 회화체 형식이다. ☞동사(형용사)의 기본형＋そうだ
　　'～래'/い형용사나 동사의 기본형에는 って가 연결된다. 寒い → 寒いっ
　　て/寒いんだって/来る → 来るって/来るんだって

번역 I 나무타기도 할 수 있대!

　[연습]　東京に行く、明日は暖かい、明日来ない

4) 아래의 일본어 질문에 일본어로 대답합시다.

① 真奈ちゃんの指輪は、誰からもらったものですか。

....

② かぶと虫は、どこへ逃げて行きましたか。

....

③ 真奈ちゃんのお父さんは、木登りができますか。

....

5) 이하의 단어를 인터넷에서 검색합시다.

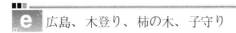 広島、木登り、柿の木、子守り

姉やは/雨がえるが幹によじ登る時と同じように、/手と足と伸ばしたり縮めたりして/段々上へ上へと登って行きました。もし今、/あのかぶと虫が飛び出したら/もうそれっきりですし、/その拍子に姉やが手でも離したら、/それこそ大変なことだと/みんなハラハラでした。けれど姉やは/落ち着きはらって、/どんどん/上へ登って行きます。そして/とうとう赤い糸にぶら下がっている指輪を/右手でつかみました。「アーアッ！」「騒ぐな。これからが危ないのだ。気をゆるめるな。お君」「エッヒヒヒ、みんな小さい。旦那様の口ひげ、奥様のお白い顔、坊ちゃんも嬢ちゃんも/嬉しそう。ウッフフフ！」

お君は/初めて自分がみんなにも負けないだけの強い力をもっていることが感じられ、/急に大胆な気もちになれるのでした。そしてこの心もちを忘れずに、/住みにくい苦しい世の中を、/元気に渡って行かなければならぬのだと、/おぼろげながら/考えるのでした。「はい、/取れましたよ。お嬢さん。もう飛ばさないようになさいな」「偉い子だね。お君は…」「そうですわ。黙っていますけど、/あの子はしっかりしています」「そうさ、/お父さんなんかより偉いや。女の子のくせに/あんなところまで登れるんだもの」「姉やは豪傑ね」「ハッハハハ、ハッハハハ、ハッハハハ…。」

1) 단어의 의미를 익힙시다.

雨^{あま}がえる 청개구리/よじ登^{のぼ}る 기어오르다/伸ばす 펴다, 뻗치다/縮^ちめる 움츠리다/段々^{だんだん}
점점/それっきり 그것뿐/拍子^{ひょうし} 박자/離^{はな}す 떼어놓다/ハラハラ 안절부절 못하는 상태/落^おち
着^つきはらう 침착하여 당황하지 않다/どんどん 자꾸자꾸/とうとう 마침내/ぶら下^さがる
매달리다/右手^{みぎて} 오른손/つかむ 붙잡다/旦那様^{だんなさま}남편(주인)의 높임말/奥様^{おくさま}아내의 높임말/坊^{ぼっ}
ちゃん 도련님/嬢^{じょう}ちゃん 따님/負^まける 패배하다/大胆^{だいたん}대담/気^きもち 기분/心^{こころ}もち 마음가짐/
苦^{くる}しい 괴롭다/世^よの中^{なか} 세상/渡^{わた}る 건너다/飛^とばす 날리다/豪傑^{ごうけつ} 호걸

2) 연어의 의미를 익힙시다.

幹^{みき}によじ登^{のぼ}る 기둥에 기어오르다/右手^{みぎて}でつかむ 오른손으로 잡다/気をゆるめる
마음을 느슨히 하다, 긴장을 풀다/大胆な気もち 대담한 기분/世の中を渡る 세상을
건너다/しっかりする 빈틈없다, 정신을 바짝 차리다

3) 문법을 이해합시다.

① 住みにくい → 住む＋にくい

설명 | 동사의 ます형에 접속되는 にくい는 '〜기 어렵다'는 의미를 나타낸
     다. 반대로 동사의 ます형에 접속되는 やすい는 '〜기 쉽다'는 의미를
     나타낸다. 동사의 ます형에 やさしい나 むずかしい를 연결하지 않도
     록 주의할 필요가 있다.

번역 | 살기 어렵다.

연습 ご飯を食べる、筆で書く、ワインを飲む、先生に言う、電車に乗る

② 女の子のくせに → 女の子＋の＋くせに

설명 | 女の子＋の＋くせに는 한국어로 번역하면 경멸조의 의미 '여자인 주제에'가 되기 쉽지만, 기본적인 의미는 "행위 주체로서 합당하지 않다."이다.

번역 | 여자(아이)이면서도

③ 気をゆるめるな＝気をゆるめる＋な(금지의 종조사)

설명 | 동사의 기본형에 접속되는 な는 금지의 의미(하지마)를 나타낸다. 높임말로는 ～ないでください가 있다.

번역 | 긴장을 늦추지 마!

[연습] 電話する、パンを買う、酒を飲む、バスに乗る

④ 大胆なきもちになれるのでした

→ 大胆だ의 연체형＋きもち＋に＋なる의 가능형＋の＋でした

설명 | きもちになれる는 きもちになる의 가능형이다.

번역 | 직역하면 기분이 들 수 있는 것이었습니다./기분이 드는 것이었습니다.

4) 아래의 일본어 질문에 일본어로 대답합시다.

① お君は赤い糸にぶら下がっている指輪を、何手でつかみましたか。

....

② 真奈ちゃんのお母さんの顔色は、何色ですか。

....

③ お君は木登りを通して、何を考えるようになりましたか。

....

④ この話を聞いて何を感じましたか。

....

5) 이하의 단어를 인터넷에서 검색합시다.

雨がえる

▶ 본문 내용에 맞는 문장엔 ○를, 맞지 않는 문장에는 ×를 표시하세요.

① 小学五年の有一君と二年の真奈ちゃんは競争で、毎朝涼しいうちに夏休
   みのおさらい帳を勉強します。   (   )

② 今日も済ませたばかりのところへ、お隣に住む真奈ちゃんの同級生宗
   ちゃんが、きれいなお菓子箱を抱えて内庭に入って来ました。(   )

③ そう言って真奈ちゃんが、大人部屋へおもちゃを取りに行き、有一君は
   女中部屋へ、かぶと虫をくくる糸をもらいに行きました。   (   )

④ 縁側に来てみると、かぶと虫の箱のわきに、ブリキやセルロイドで作っ
   た大きな車のおもちゃを、真奈ちゃんがどっさりもって来ていました。

                                                          (   )

⑤ かぶと虫は七本の足を広げて、赤や青や黄や紫の自動車や汽車や大砲や
   タンクや乳母車を五つも六つも一緒に引いて、ぞろ、ぞろっと縁側を

はっていきます。　　　　　　　　　　　　　　　　　（　　　）

⑥　私なんぞは、都会にいるとき、子守をさせられながらも、よくこっそり
　　ともっと高い木に登っていたのに。　　　　　　　　　（　　　）

⑦　都会の人がみんな賢くて、偉いと思っていたのがバカみたい。案外みん
　　な意気地ありなんですね。　　　　　　　　　　　　　（　　　）

⑧　姉やが雨がえるが幹によじ登る時と同じように、手と足と延ばしたり縮
　　めたりして、段々上へ上へ登って行きました。　　　　（　　　）

⑨　もし今、あのかぶと虫が飛び出したら、もうそれっきりですし、その拍
　　子に姉やが手でも離したら、それこそ大変なことだとみんなハラハラで
　　した。　　　　　　　　　　　　　　　　　　　　　　（　　　）

⑩　お君は初めて自分がみんなにも負けないだけの強い力をもっていること
　　が感じられ、急に大胆な気もちになれるのでした。　　（　　　）

Unit 12

野ばら

(1976年 復刊)

小川未明(1882〜1961) 作

きくドラ 脚色

큰 나라와 작은 나라의 군인이 국경을 맞대고 서로를 감시하고 있었다. 하지만 이야기를 나눌 사람들이 따로 있지 않았기 때문에 머지않아 그들은 서로 친해지게 되었다. 얼마 후 두 나라 사이에 전쟁이 발발하게 되었는데, 자신을 죽이라던 큰 나라의 군인을 뒤로 하고 작은 나라의 군인은 전쟁터로 향하게 된다. 작은 나라의 군인들이 전멸했다는 소식을 들은 큰 나라의 군인은 슬프고 침울한 마음으로 자신의 고향으로 돌아가기에 이른다.

 모르는 단어를 체크하면서 본문을 들어봅시다.

　大きな国とそれよりも少し小さな国とが隣りあっていました。当分、二つの国の間では、何事も起らず平和でした。大きな国から老人の兵士、そして小さな国からは青年の兵士が一人、国境を定めた石碑を守っていました。二人は石碑の立っている右と左に番をしているうちに、いつしか仲良しになってしまいました。ほかに話しをする相手もなく、退屈であったからというのと、春の日は長く、うららかに頭の上に照り輝いているからでした。

　ちょうど国境のところには、一株の野ばらが茂っていました。その花には朝早くから蜜蜂が飛んできて集まっていました。そのこころよい羽音がまだ二人の眠っているうちから、夢心地に耳に聞こえました。「どれ、もう起きよ

うかな。あんなに蜜蜂が来ている」「そろそろ起きるかな。何やらまた蜜蜂がたくさんだ」朝の太陽は木のこずえの上に、元気よく輝いていました。二人は岩間から湧き出る清水で口を漱ぎ、顔を合わせました。「いや、おはよう。いい天気でございますな」「本当にいい天気です。天気がいいと、気もちが生々します」また青年は老人から、将棋の歩み方を教わりました。

この頃は、のどかな昼頃には二人向かい合って将棋をさしていました。二人とも正直で、親切で、一生懸命で、将棋板の上で争っても、心は打ち解けていました。「やあ、これはおれの負けかいな。こう逃げ続ければ苦しくてかなわない。本当の戦争だったらどんなだか知れん。ウッハハハ」そう言って老人は大きな口を開けて笑いました。

小鳥はこずえの上で、面白そうに歌っていました。白いバラの花たちはよい香りを送ってきました。また冬がやってくると、老人はせがれや孫の住んでいる南の方を恋しがりました。「早く、暇をもらって帰りたいものだ」「あなたがお帰りになれば、知らぬ人が代わりに来るでしょう。やはり親切な、やさしい人ならいいが、敵味方というような考えをもった人だと困ります。どうか、もうしばらくいてください。そのうちにはまた春が来ます」

やがて冬が去ってまた春となりました。ちょうどその頃、この二つの国は、何かの利益問題から戦争を始めました。これまで毎日、仲むつまじく暮らしていた二人は敵、味方の間柄になったのです。それがいかにも、不思議なことに思われました。「さあ、お前さんと私は、今日から敵同士になったのだ。私はこんなに老いぼれていても少佐だから、私の首をもってゆけば、

あなたは出世ができる。だから殺してください」「何を言われますか。どうして私とあなたとが敵同士でしょう。私の敵は、ほかになければなりません。戦争はずっと北の方で開かれています。私はそこへ行って戦います」

　青年はそう言い残して去ってしまいました。国境にはただ一人、老人だけが残されました。青年のいなくなった日から、老人は呆然として日を送りました。野ばらの花が咲いて、蜜蜂は日が上がると暮れるころまで群がっています。戦争はずっと遠くでしているので、たとえ耳を澄ましても、空を眺めても、鉄砲の音も聞こえなければ、黒い煙の影すら見られなかったのです。老人は青年の身の上を案じていました。

　ある日のこと、国境を旅人が通りました。「つかぬことをお伺いしますが、戦争はどうなりましたか」「小さな国が負けて、その国の兵士はみな殺しになって、戦争は終わりましたよ」「それなら青年も死んでしまったのではないか」そんなことを気にかけながら、石碑の礎に腰をかけて、うつむいていますと、いつの間にかウトウトと居眠りをしていました。「何だろう？誰か来る」見ると一列の軍隊でした。そして、馬に乗ってそれを指揮するのは、かの青年でした。その軍隊は極めて静粛で、声一つ立てません。やがて老人の前を通る時に、青年は目礼をしてバラの花をかいだのでした。老人は、何か、ものを言おうとすると目が覚めました。それは全く夢であったのです。それから一月ばかりしますと、野ばらが枯れてしまいました。その年の秋、老人は南の方へ暇をもらって帰りました。

<終り>

　大きな国と/それよりも少し小さな国とが/隣りあっていました。当分、/二つの国の間では、/何事も起らず/平和でした。大きな国から/老人の兵士、/そして/小さな国からは/青年の兵士が一人、/国境を定めた石碑を守っていました。二人は/石碑の立っている/右と/左に番をしているうちに、/いつしか/仲良しになってしまいました。ほかに話しをする相手もなく、/退屈であったからというのと、/春の日は長く、/うららかに/頭の上に照り輝いているからでした。

　ちょうど国境のところには、/一株の野ばらが/茂っていました。その花には/朝早くから蜜蜂が飛んできて/集まっていました。そのこころよい羽音が/まだ二人の眠っているうちから、/夢心地に耳に聞こえました。「どれ、/もう起きようかな。あんなに蜜蜂が来ている」「そろそろ起きるかな。何やらまた蜜蜂がたくさんだ」朝の太陽は/木のこずえの上に、/元気よく輝いていました。二人は/岩間から湧き出る清水で/口を漱ぎ、/顔を合わせました。「いや、/おはよう。いい天気でございますな」「本当にいい天気です。天気がいいと、/気もちが生々します」また青年は老人から、将棋の歩み方を教わりました。

1) 단어의 의미를 익힙시다.

当分당분간/何事무슨 일/起こる일어나다/平和평화/老人노인/兵士병사/青年청년/国境국경/定める정하다/石碑석비/番보초/いつしか어느새/仲良し사이좋음/相手상대/退屈따분함/うららかに화창하게/照り輝く맑게 비치다/一株한 그루/野ばら들장미/茂る무성하다/朝早く아침 일찍/蜜蜂꿀벌/集まる모이다/こころよい유쾌하다, 기분이 좋다/羽音날개 치는 소리/眠る잠들다/夢心地황홀한 기분, 꿈을 꾸는 듯한 기분/こずえ나뭇가지 끝/輝く빛나다/岩間바위틈/湧き出る솟아나다/清水맑고 깨끗한 물/漱ぐ헹구다, 물로 씻어 깨끗하게 하다/将棋장기/歩み方두는 법/教わる배우다

2) 연어의 의미를 익힙시다.

国境を定める국경을 정하다/石碑を守る석비를 지키다/番をする보초를 서다/顔を合わせる얼굴을 맞대다/野ばらが茂る들장미가 우거지다/仲良しになる사이가 좋아지다/口を漱ぐ입을 헹구다/気もちが生々する기분이 생생하다/天気がいい날씨가 좋다/将棋の歩み方を教わる장기 두는 법을 배우다→教える가르치다/将棋板の上で争う장기판 위에서 싸우다

3) 문법을 이해합시다.

① 歩み方 → 歩む의 ます형＋方(かた)

설명 | 동사의 ます형에 方(かた)가 접속하면 '~하는 법'이라는 의미가 된다. 대부분의 동사 ます형에 접속되므로 생산성이 매우 높은 편이다.

번역 | 두는 법

연습 酒を飲む、手紙を書く、電車に乗る、プールで泳ぐ

② 隣(とな)り合う → 隣るの ます형＋合う

설명 | 隣るの ます형에 合う가 접속하면 '서로~하다'라는 의미가 된다. 동
　　　사는 주어의 단독 행위가 되지만 合う가 접속하면 상호행위를 나타
　　　내게 된다.

번역 | 서로 이웃하다.

연습 酒を飲む、殴る、愛する

③ 退屈であったからというのと

　　　→ 退屈である＋た＋から＋と＋いう＋の＋と

번역 | 따분했기 때문이라는 것과

연습 便利だ、不便だ、元気だ、まじめだ

4) 아래의 일본어 질문에 일본어로 대답합시다.

　① 老人の兵士は、どこの国の兵士でしたか。

　...

　② 青年の兵士は、どこの国の兵士でしたか。

　...

　③ その二人は何を守っていましたか。

　...

　④ 二人の兵士は、仲がよかったですか、悪かったですか。

　...

⑤ 国境のところには、何が茂っていましたか。

⑥ その花に、何が飛んできていましたか。

⑦ 清水は、どこから湧き出ましたか。

⑧ 青年の兵士は、老人の兵士から何を学びましたか。

5) 이하의 단어를 인터넷에서 검색합시다.

野ばら、蜜蜂、清水、将棋

　この頃は、/のどかな昼頃には/二人向かい合って将棋をさしていました。二人とも/正直で、/親切で、/一生懸命で、/将棋板の上で争っても、/心は打ち解けていました。「やあ、/これはおれの負けかいな。こう逃げ続ければ/苦しくてかなわない。本当の戦争だったらどんなだか知れん。ウッハハハ」そう言って老人は/大きな口を開けて笑いました。

　小鳥は/こずえの上で、/面白そうに歌っていました。白いバラの花たちは/よい香りを送ってきました。また/冬がやってくると、/老人はせがれや孫の住んでいる/南の方を恋しがりました。「早く、/暇をもらって/帰りたいものだ」「あなたがお帰りになれば、/知らぬ人が代わりに来るでしょう。やはり親切な、/やさしい人ならいいが、/敵味方というような考えをもった人だと困ります。どうか、/もうしばらくいてください。そのうちにはまた/春が来ます」

　やがて/冬が去って/また/春となりました。ちょうどその頃、/この二つの国は、/何かの利益問題から/戦争を始めました。これまで毎日、/仲むつまじく暮らしていた二人は/敵、/味方の間柄になったのです。それがいかにも、/不思議なことに思われました。「さあ、/お前さんと私は、/今日から敵同士になったのだ。私はこんなに老いぼれていても少佐だから、/私の首をもってゆけば、/あなたは出世ができる。だから/殺してください」「何を言われますか。どうして私とあなたとが敵同士でしょう。私の敵は、/ほかになければなりません。戦争はずっと北の方で開かれています。私はそこへ行って/戦います」

1) 단어의 의미를 익힙시다.

のどかだ화창하다/昼頃〔ひるごろ〕정오 무렵/正直〔しょうじき〕정직/一生懸命〔いっしょうけんめい〕に열심히/将棋板〔しょうぎばん〕장기판/争〔あらそ〕う싸우다/打〔う〕ち解〔と〕ける마음의 경계가 없어지다/苦〔くる〕しい괴롭다/小鳥〔ことり〕작은 새/香〔かお〕り향기/せがれ아들/孫〔まご〕손자/暇〔ひま〕한가함, 휴가/代〔か〕わりに대신에/敵〔てき〕적/味方〔みかた〕아군/しばらく잠시/去〔さ〕る사라지다, 떠나다/ちょうど마침/利益問題〔りえきもんだい〕이익문제/戦争〔せんそう〕전쟁/仲〔なか〕むつまじい사이가 좋다/暮〔く〕らす살다/間柄〔あいだがら〕사이, 관계/老〔お〕いぼれる늙어빠지다/少佐〔しょうさ〕소령/首〔くび〕목/出世〔しゅっせ〕출세/敵同士〔てきどうし〕서로간에 적으로 대립하는 사이/戦〔たたか〕う싸우다

2) 연어의 의미를 익힙시다.

将棋をさす장기를 두다/将棋板の上で争う장기판 위에서 싸우다/心が打ち解ける마음이 녹아들다/口を開ける입을 벌리다/香りを送る향기를 보내다/冬がやってくる겨울이 찾아오다/暇をもらう휴가를 받다/知らぬ人모르는 사람/冬が去る겨울이 지나가다/ちょうどその頃바로 그 무렵/仲むつまじく暮らす사이좋게 지내다/戦争を始める전쟁을 시작하다/いかにも너무나도/不思議なことに이상하게도/戦争が開かれる전쟁이 벌어지다

3) 문법을 이해합시다.

① 逃〔に〕げ続ける → 逃〔に〕げる＋続ける

설명 | 逃げ続ける가 사전에 나오지 않으면 逃〔に〕げる＋続ける를 분해해서 그 의미를 추적하면 된다.

번역 | 계속 도망치다.

〔연습〕 絵を描く、電話する、しゃべる、笑う

② 恋しがりました → 恋しいの 어간＋がるの ます형＋ました

설명 I い형용사의 어간에 がる가 접속하면 제3자의 희망을 나타낸다.

번역 I 그리워했습니다.

[연습] 酒を飲みたい、車がほしい、さびしい

③ そこへ行って戦います → そこへ＋行って＋戦います

설명 I 동사에 ます가 결합하면 '～합니다'라는 의미를 나타내는 한편으로,

'～하겠습니다.'와 같이 의지의 의미를 나타내기도 한다.

번역 I 거기에 가서 싸우겠습니다.

[연습] 彼女に会う、ジュースにする、ビールを飲む、明日から学校に行く

4) 아래의 일본어 질문에 일본어로 대답합시다.

① 二人の兵士は、どんな人でしたか。

......

② バラの花は、何を送ってきましたか。

......

③ 冬になって老人の兵士は、どこを恋しがりましたか。

......

④ 冬が去って、また春になったとき、二つの国には何が起こりましたか。

......

⑤ 老人の兵士は、青年の兵士に何と言いましたか。

......

5) 이하의 단어를 인터넷에서 검색합시다.

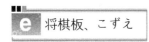

将棋板、こずえ

⬇ 12.3 본문을 읽고 번역하세요. (04:24～06:48)

　青年はそう言い残して/去ってしまいました。国境には/ただ一人、/老人だけが残されました。青年のいなくなった日から、/老人は/呆然として日を送りました。野ばらの花が咲いて、/蜜蜂は/日が上がると/暮れるころまで群がっています。戦争は/ずっと遠くでしているので、/たとえ耳を澄ましても、/空を眺めても、/鉄砲の音も聞こえなければ、/黒い煙の影すら見られなかったのです。老人は/青年の身の上を/案じていました。

　ある日のこと、/国境を旅人が通りました。「つかぬことをお伺いしますが、/戦争は/どうなりましたか」「小さな国が負けて、/その国の兵士はみな殺しになって、/戦争は終わりましたよ」「それなら/青年も死んでしまったのではないか」そんなことを気にかけながら、/石碑の礎に腰をかけて、/うつむいていますと、/いつの間にかウトウトと/居眠りをしていました。「何だろう? 誰か来る」見ると/一列の軍隊でした。そして、/馬に乗ってそれを指揮するのは、/かの青年でした。その軍隊は/極めて静粛で、/声一つ立てません。やがて/老人の前を通る時に、/青年は目礼をして/バラの花をかいだのでした。老人は、/何か、/ものを言おうとすると/目が覚めました。それは/全く夢であったのです。それから一月ばかりしますと、/野ばらが枯れてしまいまし

た。その年の秋、/老人は/南の方へ/暇をもらって帰りました。

1) 단어의 의미를 익힙시다.

言い残す헤어질 때 말을 남겨놓다/呆然어리둥절함/暮れる저물다/群がる떼 지어 모이다/ずっと훨씬/たとえ가령/澄ます기울이다/鉄砲총/すら조차/案じる걱정하다, 살피다/旅人여행자/つかぬこと거두절미하고 여쭙는 말/みな殺し모두 죽임/腰허리/うつむく고개를 숙이다/ウトウト꾸벅꾸벅/居眠り선잠/一列일렬/軍隊군대/指揮지휘/極めて지극히/静粛정숙/目礼목례/枯れる시들다, 마르다

2) 연어의 의미를 익힙시다.

呆然として日を送る멍하게 날을 보내다/日が上がる해가 뜨다/日が暮れる해가 지다/黒い煙검은 연기/耳を澄ます귀를 기울이다/空を眺める하늘을 바라보다/旅人が通る나그네가 다니다/小さな国が負ける작은 나라가 지다 → 勝つ이기다/戦争が終わる전쟁이 끝나다/身の上を案じる신상을 염려하다/腰をかける앉다/いつの間にか어느 사이엔가/かの青年그 청년/居眠りをする선잠을 자다/声一つ소리 하나/声を立てる소리를 내다/目礼をする목례를 하다/花をかぐ꽃(향기)를 맡다/野ばらが枯れる들장미가 시들다

3) 문법을 이해합시다.

① 鉄砲の音も聞こえなければ → 鉄砲の音も＋聞こえる＋なければ

설명 | 聞こえなければ는 가정, 조건의 의미 외에 열거의 의미도 나타낸다.

번역 | 총소리도 들리지 않거니와, 않는가 하면

② ものを言おうとする → ものを＋言う의 의지형＋と＋する

설명 | ものを言う는 무엇인가 의미 있는, 새겨볼만한 무엇인가를 말한다는 의미를 나타낸다. もの는 상당히 함축성이 있는 단어라고 할 수 있기 때문에 그 의미 파악에 신중을 기할 필요가 있다. 본문에서는 꿈에서 노인이 청년에게 ものを言う라는 표현을 쓰고 있는데, 이 もの에는 노인의 청년에 대한 복잡다단한 심경이 내재되어 있다고 볼 수 있다.

③ 一月ばかりする → 一月＋ばかり＋する

설명 | 숫자가 들어간 명사에 결합되는 ばかり는 '가량, 정도, 쯤'의 의미를 나타낸다. する는 '하다'로 번역하기보다 '지나다'로 번역하는 것이 자연스럽다. 일반명사(동작명사)에 결합되는 ばかり는 '-만, -뿐'이라는 의미를 나타내므로 ばかり가 어떠한 명사에 결합하는지를 잘 살펴볼 필요가 있다.

번역 | 한 달 정도 지나다.

4) 아래의 일본어 질문에 일본어로 대답합시다.

① 青年の兵士は、どこへ行きましたか。

....

② 戦争の結果はどうでしたか。

....

③ 老人の兵士は、夢で何を見ましたか。

....

④ 夢で青年の兵士は、何をしていましたか。

⑤ その年の秋、老人の兵士はどこへ行きましたか。

⑥ この話を聞いて何を感じましたか。

▶ 본문 내용에 맞는 문장엔 〇를, 맞지 않는 문장에는 ✕를 표시하세요.

① 大きな国から青年の兵士、そして小さな国からは老人の兵士が一人、国
　 境を定めた石碑を守っていました。　　　　　　　　　　（　　　　　）

② ちょうど国境のところには、一株のコスモスが茂っていました。その花
　 には朝早くから蜜蜂が飛んできて、集まっていました。　（　　　　　）

③ 朝の太陽は木のこずえの上に、元気よく輝いていました。二人は岩間か
　 ら湧き出る清水で口を漱ぎ、顔を合わせました。　　　　（　　　　　）

④ 二人とも正直で、親切で、一生懸命で、将棋板の上で争っても、心は打
　 ち解けていました。　　　　　　　　　　　　　　　　　（　　　　　）

⑤ また冬がやってくると、青年はせがれや孫の住んでいる南の方を恋しが
　 りました。　　　　　　　　　　　　　　　　　　　　　（　　　　　）

⑥ これまで毎日、仲むつまじく暮らしていた二人は、敵、味方の間柄に
　 なったのです。　　　　　　　　　　　　　　　　　　　（　　　　　）

⑦ 私はこんなに老いぼれていても中佐だから、私の首をもってゆけば、あなたは出世ができる。だから殺してください。　　　　　　　（　　　）

⑧ 戦争は、ずっと遠くでしているので、たとえ耳を澄ましても、空を眺めても、鉄砲の音も聞こえなければ、白い煙の影すら見られなかったのです。　　　　　　　　　　　　　　　　　　　　　　　　（　　　）

⑨ その軍隊は極めて静粛で、声一つ立てません。やがて老人の前を通る時に、青年は目礼をして、菊の花をかいだのでした。　　　　　（　　　）

⑩ それから一月ばかりしますと、野ばらが枯れてしまいました。その年の春、老人は南の方へ暇をもらって帰りました。　　　　　　（　　　）

Unit 13

雪女

(1904年)

小泉八雲(1850〜1904) 作

きくドラ 脚色

두 명의 나무꾼이 눈보라를 피하기 위해 작은 오두막으로 들어갔는데 그곳에 흰 소복차림의 여인이 나타나 주인공의 친구를 죽이고 주인공은 젊다는 이유로 살려주었다. 주인공을 놓아주기 전에 한 가지 조건이 있었는데, 앞으로 그 누구에게도 자신을 보았다는 사실을 말해서는 안 된다는 것이었다. 얼마 후 주인공은 한 아름다운 여성과 결혼을 하여 평범하고 행복한 가정을 꾸려나가게 된다. 그러던 중 주인공은 젊은 시절에 있었던, 절대로 말하지 않기로 한 그 사실을 부인에게 털어놓고 마는데...

 모르는 단어를 체크하면서 본문을 들어봅시다.

    武蔵野の国のある村に、もさく、巳之吉という二人の木こりがいた。ある大層寒い晩の帰り道で、大吹雪に遭い二人は小屋に避難した。小屋は窓のない二畳敷きで、もさくはじきに眠りについた。しかし、巳之吉は長い間、目を覚ましていて、恐ろしい風や戸に当たる雪の音を聞きながら、蓑の下で震えていたが、とうとう彼もまた眠りこんでしまった。

    しばらくして巳之吉は顔に雪がかかるのに気づいて、目が覚めた。そして、雪明かりに見たのは、全く白装束の女であった。白衣の女は、ほとんど彼に触れるように顔を寄せ、巳之吉を見つづけていた。彼女の目は恐ろしかっ

たが、その姿は大そうきれいであった。それから彼女は微笑してこうささやいた。「私は今、もう一人のようにあなたを殺そうかと思った。しかし、あなたはまだ若いのだから、ここで殺すのも忍べない。でももしあなたが今夜見たことを誰かに、あなたの母さんにでも言ったら、私はあなたを殺します。覚えていらっしゃい。私の言うことを…」「ウン、何だったんだ。今のは夢なのかい。おい、もさく、もさく？ フッ、死んでる」呆けたように、女が出て行く様を見送って、ふと我に帰った巳之吉は、もさくを呼んでみた。返事はないので暗がりへ手をやって、もさくの顔に触ってみると、氷のように冷えて固くなっていた。もさくはすでに死んでいたのだ。明け方になって助けられた巳之吉は白衣の女が現われたことについては誰にも何も言わなかった。

　翌年の冬のある晩、家に帰る途中、一人の若い女に出会った。背の高い、ほっそりとした少女で、名はお雪と言った。それから両親の亡くなったこと、江戸へ行くつもりであること、そこに何軒か貧しい親類のあること、その人たちは、女中としての地位を見つけてくれるだろうということなど。巳之吉は、すぐにこの知らない少女に懐かしさを感じ、見れば見るほど、彼女が一層美しく見えた。

　打ち明け話の後、彼らは長い間、ものを言わないで歩いた。道の途中、巳之吉はしばらく自分の家で休むようにとお雪に告げると、彼女はしばらくはにかんでためらっていたが、彼の後をついていった。巳之吉の母は、お雪の立ち居振るまいがとてもよかったので、すぐに彼女を気に入り、江戸への旅を延ばすよう勧めた。そしてそのまま、お雪はついに江戸へは行かなかった。彼女はお嫁としてその家にとどまった。

お雪は大そうよい嫁であった。巳之吉の母が亡くなる間際、彼女の最後の言葉は、嫁に対する愛情と称賛の言葉であった。そしてお雪は男女十人の子供を生んだ。大概の農夫の女は早く年を取る。しかし、お雪ははじめて村へ来た時と同じように、若くみずみずしく見えた。

　ある晩のことだった。子供たちが寝た後で、お雪は行灯の光で針仕事していた。「お前がそうして針仕事をしているのを見ると、わしが十八の時にあった、不思議なことが思い出される。その時、お前のように、きれいな人を見た。全くその女はお前そっくりだったよ」「その人の話しをしてちょうだい。どこでお会いになったの?」そこで巳之吉は、小屋で過ごした恐ろしい夜のことを彼女に話した。そして笑顔でささやきながら、自分の上に屈んだ白い女のこと、それからもさくがものも言わずに死んだこと。「眠っている時も起きている時も、お前のようにきれいな人を見たのはその時だけだ。もちろん、それは人間じゃなかった。そしてわしはその女が恐ろしかった。大変恐ろしかった」

　「それは私、私、私でした。この私、雪でした。あの時私はそのことを一言でも言ったら、あなたを殺すと言いました。そこに眠っている子供らがいなかったら今すぐあなたを殺すところです。あなたはこれから子供たちを大事に大事になさるがいい。もし子供らがあなたに不平を言うべきことでもあったら、私はそれ相応にあなたを扱うつもりです」

　別れの言葉を告げると、彼女は輝いた白い霞となって、たちまち消えてしまった。それ以来、再び彼女の姿を見たものは誰もいなかった。

<終り>

↘ 13.1 본문을 읽고 번역하세요. (~ 03:08)

　武蔵野の国のある村に、/もさく、/巳之吉という/二人の木こりがいた。ある大層寒い晩の帰り道で、/大吹雪に遭い/二人は小屋に避難した。小屋は窓のない二畳敷きで、/もさくはじきに眠りについた。しかし、/巳之吉は長い間、/目を覚ましていて、/恐ろしい風や/戸に当たる雪の音を聞きながら、/蓑の下で震えていたが、/とうとう彼もまた/眠りこんでしまった。

　しばらくして巳之吉は/顔に雪がかかるのに気づいて、/目が覚めた。そして、/雪明かりに見たのは、/全く白装束の女であった。白衣の女は、/ほとんど彼に触れるように顔を寄せ、/巳之吉を見つづけていた。彼女の目は恐ろしかったが、/その姿は/大そうきれいであった。それから彼女は微笑して/こうささやいた。「私は今、/もう一人のようにあなたを殺そうかと思った。しかし、あなたはまだ若いのだから、/ここで殺すのも忍べない。でももしあなたが、今夜見たことを誰かに、/あなたの母さんにでも言ったら、/私はあなたを殺します。覚えていらっしゃい。私の言うことを…」「ウン、/何だったん/だ。今のは/夢/なのかい。おい、/もさく、/もさく？ フッ、/死んでる」呆けたように、/女が出て行く様を/見送って、/ふと我に帰った巳之吉は、/もさくを呼んでみた。返事はないので/暗がりへ手をやって、/もさくの顔に触ってみると、/氷のように冷えて固くなっていた。もさくはすでに/死んでいたのだ。明け方になって助けられた巳之吉は/白衣の女が現われたことについては/誰にも/何も言わなかった。

1) 단어의 의미를 익힙시다.

武蔵野무사시노(도쿄 평야 지역), 木こり나무꾼/大吹雪심한 눈보라/逢う만나다/小屋오두막/非難비난/二畳敷き다다미 2장 정도 넓이의 방/じきに바로, 곧/蓑도롱이/震える떨다/眠りこむ잠들다/雪明かり눈빛으로 빛남/白装束소복/白衣흰옷/触れる닿다/微笑미소/ささやく속삭이다/若い젊다/忍ぶ참다, 견디다/呆ける둔해지다, 기억이 흐려지다/様모습/見送る배웅하다, 그냥 보내다/ふと문득/我나, 제정신/返事답/暗がり어둠/触る만지다/凍る얼다/冷える차가워지다/すでに이미/明け方동틀녘

2) 연어의 의미를 익힙시다.

じきに眠りにつく바로 잠들다, 바로 곯아떨어지다/目を覚ます눈을 뜨다/恐ろしい風매서운 바람/戸に当たる雪の音문에 눈 부딪히는 소리/雪がかかる눈이 얼굴에 맞다/気づく알아차리다/目が覚める눈을 뜨다, 잠이 깨다/顔を寄せる얼굴을 가까이 하다/見つづける계속해서 보다/様を見送る모습을 보며 그냥 보내다/我に帰る제정신이 들다/手をやる손을 뻗치다/白衣の女が現れる흰옷을 입은 여자가 나타나다

3) 문법을 이해합시다.

① 眠りにつく → 眠り＋に＋つく

설명 | 眠りにつく라는 의미를 파악하기 위해 일반적인 학습자들은 사전에 나오는 眠り와 つく의 의미를 제각각 찾고자 애쓸 것이다. 眠り의 의미는 쉽게 찾아볼 수 있지만, つく는 다의어이기 때문에 의미를 특정하기가 상당히 힘들며, 시간도 많이 걸릴 것이다. 이 경우, つく의 기본적 의미만 알아두면 되는데 그 기본적 의미는 바로 '붙다'이다. 직

역하면 "잠에 붙다."가 된다. 眠り込む의 경우, 込む가 '파고 들어가 다.'라는 의미가 되므로 眠りにつく와 거의 비슷한 의미를 나타낸다.

번역 | 잠에 붙는다는 말은, 즉 정신이 잠에 붙는다는 말이다. 이것을 자연 스럽게 번역하면 잠에 곯아떨어지다가 된다.

② 覚えていらっしゃい → 覚えて＋いらっしゃる의 명령형

설명 | 조동사(본동사도 포함) いらっしゃる는 いる,いく,くる의 존경어이다. 특정한 의미는 문맥에 의해 결정된다.

번역 | 내가 말하지 말라고 한 것을 잘)기억하고 계시길

4) 아래의 일본어 질문에 일본어로 대답합시다.

① 主人公たちは、どこに住んでいましたか。

......

② 主人公たちの名前は何ですか。

......

③ 主人公たちは、どんなお仕事ですか。

......

④ 主人公たちは、どこへ避難しましたか。

......

⑤ 巳之吉は雪明かりに、何を見ましたか。

......

⑥ 女の人は巳之吉に、何と言いましたか。

......

5) 이하의 단어를 인터넷에서 검색합시다.

> ■■■
> **e** 武蔵野の国、大吹雪、小屋、雪明かり、白装束、蓑

📥 13.2 본문을 읽고 번역하세요. (03:09～05:10)

　翌年の冬のある晩、/家に帰る途中、/一人の若い女に出会った。背の高い、/ほっそりとした少女で、/名はお雪と言った。それから/両親の亡くなったこと、/江戸へ行くつもりであること、/そこに何軒か/貧しい親類のあること、/その人たちは、/女中としての地位を/見つけてくれるだろうということなど。已之吉は、/すぐにこの知らない少女に/懐かしさを感じ、/見れば見るほど、/彼女が一層美しく見えた。

　打ち明け話の後、/彼らは長い間、/ものを言わないで歩いた。道の途中、/已之吉はしばらく自分の家で休むようにと/お雪に告げると、/彼女はしばらくはにかんでためらっていたが、/彼の後をついていった。已之吉の母は、/お雪の立ち居振るまいがとてもよかったので、/すぐに彼女を気に入り、/江戸への旅を延ばすよう勧めた。そしてそのまま、/お雪はついに江戸へは行かなかった。彼女は/お嫁として/その家にとどまった。

　お雪は/大そうよい嫁であった。已之吉の母が亡くなる間際、/彼女の最後の言葉は、/嫁に対する愛情と/称賛の言葉であった。そしてお雪は/男女十人の子供を生んだ。大概の農夫の女は/早く年を取る。しかし、お雪は/はじめて村へ来た時と同じように、/若く/みずみずしく見えた。

1) 단어의 의미를 익힙시다.

翌年이듬해/途中도중/出会う우연히)만나다/何軒몇 채/貧しい가난하다/親類친척/女中하녀/地位지위/見つける찾아내다/懐かしい그립다/打ち明け話마음속의 말을 털어놓기/告げる알리다/はにかむ부끄러워하다/ためらう주저하다/立ち居振るまい행동거지/延ばす연기하다, 미루다/勧める권하다/ついに결국, 마침내/とどまる남다, 머물다/間際직전/愛情애정/称賛칭찬/大概대개/農夫농부

2) 연어의 의미를 익힙시다.

若い女に出会う젊은 여자를 (우연히) 만나다/背が高い키가 크다/ほっそりとした少女몸매가 호리호리한 소녀/貧しい親類가난한 친척/後をつく뒤를 따르다/気に入る마음에 들다/旅を延ばす여행을 미루다/子供を生む아이를 낳다/年を取る나이를 먹다/若く見える젊어 보이다/みずみずしく見える생생해 보이다, 싱싱해 보이다

3) 문법을 이해합시다.

① 見れば見るほど → 見る의 가정형＋見る＋ほど

설명 | 동사의 가정형＋동사의 기본형＋ほど는 '～하면 할수록'이라는 뜻이다. 표현의 생산성이 높은 편이다.

번역 | 보면 볼수록

연습 酒を飲む、勉強をする、笑う、泣く

unit 13 雪女 | 277

4) 아래의 일본어 질문에 일본어로 대답합시다.

① 巳之吉はある冬の晩、誰に出会いましたか。

....

② その人は、どんな姿でしたか。

....

③ その人の名前は、何でしたか。

....

④ その人には、両親がいましたか。

....

⑤ その人は、どこへ行くつもりでしたか。

....

⑥ 巳之吉の母は、その少女のことが気に入りましたか。

....

⑦ 巳之吉の母は、その少女に何と言いましたか。

....

⑧ 巳之吉の母は亡くなる前、嫁のことをどう思い、どんなことを言いましたか。

....

⑨ お雪は、子供を何人生みましたか。

....

⑩ 農夫の女は、年を早く取りますか、遅く取りますか。

....

⑪ お雪はどうでしたか。

....

5) 이하의 단어를 인터넷에서 검색합시다.

> e ■■■
> 立ち居振るまい、農夫の女

📥 13.3 본문을 읽고 번역하세요. (05:11〜07:30)

　ある晩のことだった。子供たちが寝た後で、/お雪は行灯の光で/針仕事して
いた。「お前が/そうして針仕事をしているのを見ると、/わしが十八の時に
あった、/不思議なことが思い出される。その時、/お前のように、/きれいな
人を見た。全く/その女はお前そっくりだったよ」「その人の話しをしてちょ
うだい。どこでお会いになったの?」そこで巳之吉は、/小屋で過ごした恐ろ
しい夜のことを/彼女に話した。そして/笑顔でささやきながら、/自分の上に
屈んだ白い女のこと、/それから/もさくがものも言わずに死んだこと。「眠っ
ている時も/起きている時も、/お前のようにきれいな人を見たのは/その時だ
けだ。もちろん、/それは人間じゃなかった。そしてわしは/その女が恐ろし
かった。大変恐ろしかった」

　「それは私、/私、/私でした。この私、/雪でした。あの時私はそのことを
一言でも言ったら、/あなたを殺すと言いました。そこに眠っている子供らが
いなかったら今すぐあなたを殺すところです。あなたはこれから子供たちを/
大事に大事になさるがいい。もし子供らがあなたに不平を言うべきことでも
あったら、/私はそれ相応にあなたを扱うつもりです」

　別れの言葉を告げると、/彼女は輝いた白い霞となって、/たちまち消えてし

まった。それ以来、/再び彼女の姿を見たものは/誰もいなかった。

1) 단어의 의미를 익힙시다.

行灯(あんどん)등롱, 초롱, 針仕事(はりしごと)바느질/わし 나/そっくり 똑같음/小屋(こや)오두막/過ごす(す)지내다/恐ろしい(おそ)두렵다/笑顔(えがお)웃는 얼굴/ささやく 속삭이다/屈む(かが)웅크리다/一言(ひとこと)한마디/不平(ふへい)불평/相応(そうおう)상응/扱う(あつか)취급하다/別れの言葉이별의 말/霞(かすみ)안개/たちまち 갑자기/消える(き)사라지다/以来(いらい)이래/再び(ふたた)두 번 다시/姿(すがた)모습

2) 연어의 의미를 익힙시다.

不思議なことが思い出される이상한 일이 생각나다/小屋で過した恐ろしい夜오두막에서 보낸 무서운 밤/笑顔でささやく미소를 지으며 속삭이다/不平を言う불평을 하다/別れの言葉を告げる작별을 고하는 말을 전하다/眠っている子供잠들어 있는 아이들/相応に扱う상응하게 취급하다/たちまち消える홀연히 사라지다

3) 문법을 이해합시다.

① 殺すところです → 殺す＋ところ＋です

설명ㅣ동사의 기본형에 접속되는 ところ는 행위가 실현되기 직전을 의미한다. 즉 행위는 실현되지 않았다.

번역ㅣ막 죽이려던 참입니다.

[連習] 出かける、音楽を聞く、六時に彼女に会う、友達に電話する

② 大事になさるがいい → 大事だ의 연용형(부사형)＋なさる＋が＋いい

설명ㅣなさるがいい는 なさるほうがいい의 ほう가 생략된, 즉 준말이다. 충고 표현이다. '～하시는 편이 좋다.' なさる는 する의 존경어이다. な

さったほうがいい는 なさるほうがいい보다 충고가 실현되기를 바라
는 정도가 훨씬 강하다. なさったほうがいい 표현에서는 ほう가 생략
될 수 없다.

번역ㅣ소중히 여기는 편이 좋다/소중히 하는 편이 좋다.

4) 아래의 일본어 질문에 일본어로 대답합시다.

① ある晩、子供たちが寝た後で、お雪は行灯の光で何をしていましたか。

....

② 巳之吉は18歳のときに、小屋であったことをお雪に言いましたか。

....

③ それをすべて聞いたお雪は、巳之吉に何と言いましたか。

....

④ お雪はどうなりましたか。

....

⑤ この話を聞いて何を感じましたか。

....

5) 이하의 단어를 인터넷에서 검색합시다.

e 行灯、針仕事、霞

◢ 본문 내용에 맞는 문장엔 ○를, 맞지 않는 문장에는 ×를 표시하세요.

① 武蔵野の国のある村に、もさく、太郎という二人の木こりがいた。ある
  大層寒い晩の帰り道で、大吹雪に遭い二人は小屋に避難した。

  （　　　）

② しかし、巳之吉は長い間、目を覚ましていて、恐ろしい風や戸に当たる
  雨の音を聞きながら、蓑の下で震えていたが、とうとう彼もまた眠りこ
  んでしまった。　　　　　　　　　　　　　　　　　　　（　　　）

③ でももしあなたが、今夜見たことを誰かに、あなたの父さんにでも言っ
  たら、私はあなたを殺します。　　　　　　　　　　　　（　　　）

④ 明け方になって助けられた巳之吉は、黒衣の女が現われたことについて
  は、誰にも何も言わなかった。　　　　　　　　　　　　（　　　）

⑤ 道の途中、巳之吉はしばらく自分の家で休むようにとお雪に告げると、
  彼女はしばらくはにかんでためらっていたが、彼の後をついていった。

  （　　　）

⑥ 巳之吉の母は、お雪の立ち居振るまいがとてもよかったので、すぐに彼
  女を気に入り、京都への旅を延ばすよう勧めた。　　　　（　　　）

⑦ お雪は大そうよい嫁であった。巳之吉の母が亡くなる間際、彼女の最後
  の言葉は、嫁に対する愛情と称賛の言葉であった。　　　（　　　）

⑧ そしてお雪は男女十二人の子供を生んだ。大概の農夫の女は、早く年を
  取る。しかし、お雪ははじめて村へ来た時と同じように、若くみずみず
  しく見えた。　　　　　　　　　　　　　　　　　　　　（　　　）

⑨ ある晩のことだった。子供たちが寝た後で、お雪は行灯の光で針仕事していた。　　　　　　　　　　　　　　（　　　）

⑩ 別れの言葉を告げると、彼女は輝いた白い霞となって、たちまち消えてしまった。それ以来、再び彼女の姿を見たものは誰もいなかった。

　　　　　　　　　　　　　　　　　　　　　　　　　　　　（　　　）

Unit 14

少年と秋の日

(1935年)

小川未明(1882〜1961) 作

きくドラ 脚色

서늘한 가을바람이 부는 들판에 풀들 사이로 대낮부터 벌레 울음소리가 들린다. 그곳에서 잃어버린 공을 찾던 주인공에게 낯선 남자아이가 나타난다. 그 남자아이는 주인공이 잃어버린 공을 찾아주며 자기 집에 같이 놀러가자고 한다. 낯선 남자아이가 모는 자전거에 올라탄 주인공은 남자아이와 그 아이의 여동생이 사는 집에 도착하여 그곳에서 만돌린 악기와 유화를 본다. 다음에 놀러오면 연주해서 들려주겠다는 여자아이의 약속을 기억하며 주인공은 다시 집으로 돌아온다. 극적인 전개는 없지만 깊어가는 가을의 서정이 잘 묻어난 작품이다.

　冷や冷やと、身に染みる風が吹いていました。原っぱの草は、ところどころ色づいて、昼間から虫の鳴き声が聞かれたのです。正吉君は先から無くしたボールを探しているのでした。「フーン、不思議だな。ここらへ転がってきたんだけど…」この広い原っぱには、ほかに誰も遊んではいませんでした。彼は勇ちゃんがスパイクを買ってもらったら、自分もお母さんに買ってもらう約束があるので、先も勇ちゃんとその話しをしていたのでした。「ねえ、君はいつスパイクを買ってもらうの？」「お父さんが旅行からお帰りになった

ら…」「勇君が買ってもらったら、ぼくにも買ってやるとお母さんが言ってたんだ」

　そんなことを考えていると不意に「君、何か探してるの?」驚いて振り向くと、知らない子が立っていました。「竜のひげなら、あそこにたくさんあるよ。ぼくも竜のひげの実を取りに来たんだ」「竜のひげ?」「あ、竜のひげさ。君、知らないの?」「ぼく竜のひげの実なんて、見たことないよ」「君、ここにこんなになってるだろう?」と足元の茂った草の中を指しました。そこにも冷たい秋の風はあって、細くて長いひげのような草を揺らしていました。草をかき分けてみると、濃紫の小さい美しい実が重なり合うようにしてなっていました。

　「ぼくの妹がほしいと言うので、探しにきたのだ」「君は竜のひげの実を取りにきたのかい? ぼくはボールを無くしたので、探しているんだ」「そうかい? ぼく、探すのはとてもうまいんだぜ」知らない子は、竜のひげをポケットに入れて、それからボールを探してくれました。「なんだ。ここにあるじゃないか」「あは、そんなところにあったんだ。ありがとう。あ、そうだ。キャッチボールをしないか」「ウン、今度しよう。妹が待っているから」「君んち、遠いの?」「遠いけど、自転車に乗って行けばすぐだ。君、一緒に遊びにおいでよ」「どうしようかな」ぼく、帰りに送ってあげるから、おいでよ」

　正吉君は知らない子の真っ赤な自転車の後ろに乗って、肩につかまると、風を切って風のように自転車は走りました。いくつかのまだ見たことのない森

や、まだ知らない道を通って、原っぱの中のある一軒の前に止まり、二人は入りました。「ここがぼくの家だよ。あがりたまえ」

　庭には葉鶏頭やシオンのような秋草が咲き乱れていました。なかでも薄紅色のコスモスの花が見事でした。縁側の日当たりに十ばかりの少女が座って、兄さんの帰るのを待っていました。その子は病気と思われるほどやせていました。しかし、目はパッチリとして、黒く大きかったのでした。兄さんがポケットから竜のひげのみを出すと、「まあ」正吉君は何となくこの兄弟の仲のいいのがうらやましくなって、いつしか自分も微笑んで二人の様子を眺めていました。「新しいお友達を連れてきたのだよ」「あの、これから時々、遊びに来てもいい?」「ええ、道をよく覚えていていらっしゃいね」三人は日当たりのよい縁側で、竜のひげでおはじきをしました。奥の壁に海を描いた油絵がかかっており、その絵は白い鳥が波の上を飛んでいました。そのそばにマンドリンがかかっていました。「あれはマンドリンだね」「私、マンドリン弾けてよ。今度いらっしゃったら、聞かしてあげるわ」「ウン、あ、ぼくもう家へ帰らないと…」「正吉君、今度キャッチボールをしようね」

　そしてまた自転車の後ろに正吉君を乗せて送ってくれました。「ぼく、君を呼びにゆくときはスパイクを履いて行くから…」その夜のことでした。正吉君はふと目を覚ますと、外のアスファルトの往来をカチッカチッとスパイクの鉄を石に打ちつける音がしました。

　「おお、あの子が来た」その様子をお姉さんが聞きつけて、「あ、正ちゃん、今時分誰が来るものですか。気のせいですよ」「カチカチいうじゃない

か。聞こえないの?」「本当だわ。見てみましょうか」二人は窓を開けて外をのぞきました。すみ渡った月の光に照らされて、さながら水の中をみるような往来を一人のスパイクを履いた子供がかけていました。「だあれ?」「正ちゃん、ぼく」「勇ちゃん? どうしたの?」「ぼく、スパイク買ってもらったんだ」「まあ、今時分どうしたの?」「お父さんが帰っていらしたから、お母さんに買ってきてもらったのだ」「じゃ、ぼくもあした買ってもらおう。ハッハハハハハ、ハッハハハハハハ」

<終り>

冷や冷やと、/身に染みる風が吹いていました。原っぱの草は、/ところどころ色づいて、/昼間から虫の鳴き声が聞かれたのです。正吉君は/先から無くしたボールを/探しているのでした。「フーン、/不思議だな。ここらへ転がってきたんだけど…」この広い原っぱには、/ほかに誰も遊んではいませんでした。彼は/勇ちゃんがスパイクを買ってもらったら、/自分もお母さんに買ってもらう約束があるので、/先も/勇ちゃんとその話しをしていたのでした。「ねえ、/君はいつスパイクを買ってもらうの?」「お父さんが旅行からお帰りになったら…」「勇君が買ってもらったら、/ぼくにも買ってやると/お母さんが言ってたんだ」

そんなことを考えていると/不意に/「君、/何か探してるの?」驚いて振り向くと、/知らない子が立っていました。「竜のひげなら、/あそこにたくさんあるよ。ぼくも竜のひげの実を取りに来たんだ」「竜のひげ?」「あ、/竜のひげさ。君、/知らないの?」「ぼく/竜のひげの実なんて、/見たことないよ」「君、/ここにこんなになってるだろう?」と/足元の茂った草の中を指しました。そこにも冷たい秋の風はあって、/細くて長いひげのような草を揺らしていました。草をかき分けてみると、/濃紫の小さい美しい実が/重なり合うようにしてなっていました。

1) 단어의 의미를 익힙시다.

冷や冷や차갑게 느껴지는 상태/染みる물들다, 스미다/吹く불다/原っぱ들판/草풀/ところどころ군데군데, 여기저기/色づく색이 물들다/鳴き声우는 소리/転がる구르다/旅行여행/振り向く뒤돌아보다/実열매/足元발밑/揺らす흔들다/かき分ける헤치다/重なる겹쳐지다

2) 연어의 의미를 익힙시다.

身に染みる몸에 스며들다/風が吹く바람이 불다/草が色づく풀이 물들다/虫の鳴き声を聞く벌레 울음소리를 듣다/ボールを探す공을 찾다/知らない子が立っている모르는 아이가 서 있다/冷たい秋の風차가운 가을 바람/草をかき分ける풀을 헤치다/草を揺らす풀을 흔들다

3) 문법을 이해합시다.

① 自分もお母さんに買ってもらう

→ 自分も＋お母さん＋に＋買って＋もらう

설명 | 사는 주체가 お母さん이다. 수혜자는 自分이다. 직역하면 "나도 엄마에게 사 받는다."가 되는데, 이러한 표현은 한국어에는 존재하지 않는다. 한국어로 자연스럽게 번역하면 "나도 엄마에게 사 달라고 (말)할 거야."가 되는데, 구조가 일본어와는 전혀 다르다.

4) 아래의 일본어 질문에 일본어로 대답합시다.

① 正吉君は、何をしていましたか。

....

② 正吉君はお母さんに、何を買ってもらうことにしましたか。

....

③ 勇ちゃんは、いつそれを買ってもらうことにしましたか。

....

④ 知らない子は正吉君に、何を取りに来たと言いましたか。

....

5) 이하의 단어를 인터넷에서 검색합시다.

> **e** 原っぱの草、 スパイク、 竜のひげ、 竜のひげの実

　「ぼくの妹がほしいと言うので、/探しにきたのだ」「君は/竜のひげの実を取りにきたのかい? ぼくは/ボールを無くしたので、/探しているんだ」「そうかい? ぼく、/探すのはとてもうまいんだぜ」知らない子は、/竜のひげをポケットに入れて、/それからボールを探してくれました。「なんだ。ここにあるじゃないか」「あは、/そんなところにあったんだ。ありがとう。あ、/そうだ。キャッチボールをしないか」「ウン、/今度しよう。妹が待っているから」「君んち、/遠いの?」「遠いけど、/自転車に乗って行けばすぐだ。君、/一緒に遊びにおいでよ」「どうしようかな」「ぼく、/帰りに送ってあげるから、/おいでよ」

　正吉君は/知らない子の真っ赤な自転車の後ろに乗って、/肩につかまると、/風を切って/風のように自転車は走りました。いくつかのまだ見たことのない森や、/まだ知らない道を通って、/原っぱの中の/ある一軒の前に止まり、/二人は入りました。「ここがぼくの家だよ。あがりたまえ」

1) 단어의 의미를 익힙시다.

　無くす잃다, 분실하다/キャッチボール캐치볼/今度이번/自転車자전거

2) 연어의 의미를 익힙시다.

　ボールを無くす공을 잃다/ポケットに入れる호주머니 속에 넣다/肩につかまる어

깨를 잡다/風を切る바람을 가르다/森숲/道を通る길을 지나다

3) 문법을 이해합시다.

　① 探すのけとてもうまいんだぜ

　　　→ 探す＋の＋け＋とても＋うまい＋ん＋だ＋ぜ

　설명ㅣ종조사 ぜ는 주로 남성(아이)들이 사용하는 표현이다. 친한 사이에서

　　　　다짐을 받거나 주의를 환기할 때 주로 사용된다. 여기에서는 자신이

　　　　공을 잘 찾는다는 점을 상대방에게 환기시키는 방식으로 사용되고

　　　　있다.

　번역ㅣ난 볼을 아주 잘 찾아!

　② 君んち

　설명ㅣ君んち는 君のうち의 준말이다.

　번역ㅣ너의 집

4) 아래의 일본어 질문에 일본어로 대답합시다.

　① 名の知らない子は、何がうまいですか。

　..

② 名の知らない子は、正吉君のボールを見つけましたか。

....

③ それから正吉君と知らない子は、二人でキャッチボールをしましたか。

....

④ 正吉君は名の知らない子の家に、どうやって行きましたか。

....

5) 이하의 단어를 인터넷에서 검색합시다.

　庭には/葉鶏頭や/シオンのような秋草が咲き乱れていました。なかでも/薄紅色のコスモスの花が/見事でした。縁側の日当たりに/十ばかりの少女が座って、/兄さんの帰るのを待っていました。その子は/病気と思われるほどやせていました。しかし、/目はパッチリとして、/黒く大きかったのでした。兄さんがポケットから/竜のひげのみを出すと、/「まあ」正吉君は/何となく/この兄弟の仲のいいのがうらやましくなって、/いつしか自分も微笑んで/二人の様子を眺めていました。「新しいお友達を連れてきたのだよ」「あの、/これから時々、/遊びに来てもいい?」「ええ、/道をよく覚えていていらっしゃいね」三人は/日当たりのよい縁側で、/竜のひげで/おはじきをしました。奥の壁に/海を描いた油絵がかかっており、/その絵は白い鳥が/波の上を飛んでいました。そのそばに/マンドリンがかかっていました。「あれはマンドリンだね」「私、/マンドリン弾けてよ。今度いらっしゃったら、/聞かしてあげるわ」「ウン、/あ、/ぼくもう/家へ帰らないと…」「正吉君、/今度/キャッチボールをしようね」

1) 단어의 의미를 익힙시다.

葉鶏頭(はげいとう)식물)색비름/シオン 식물)개미취/秋草(あきくさ)가을풀/咲(さ)き乱(みだ)れる흐드러지게 피다/
薄紅色(うすべにいろ)연분홍색/見事(みごと)훌륭함/縁側(えんがわ)툇마루/日当(ひあ)たり양지/病気(びょうき)병/パッチリ또렷한 모양
/微笑(ほほえ)む미소짓다/奥(おく)の壁(かべ)구석 쪽의 벽/油絵(あぶらえ)유화/波(なみ)파도/マンドリン악기)만돌린

2) 연어의 의미를 익힙시다.

   秋草が咲き乱れる가을풀이 어지럽게 피다/十ばかりの少女が座っている열 살 남

짓한 소녀가 앉아 있다/様子を眺める모습을 바라보다/仲がいい사이가 좋다/海を描(か)く

바다를 그리다/油絵がかかる유화가 걸리다

3) 문법을 이해합시다.

   ① 咲き乱れる → 咲く＋乱れる

   설명ㅣ咲き乱れる가 사전에 나오지 않으면 咲く＋乱れる로 분해하면 그 의

        미를 추적할 수 있다.

   번역ㅣ흐드러지게 피다.

   ② やせている/太っている → やせて＋いる

   설명ㅣ상태를 나타내는 동사에 접속되는 ている는 일반적으로 한국어로 번

        역되지 않는다. やせている/太っている를 '말랐다/뚱뚱하다.'로 번역

        해야 한다. '말라 있다/뚱뚱해 있다.'로 직역하면 직역의 색채가 강해

        서 어색하다.

   ③ ぼくもう家へ帰らないと → ぼく＋もう＋家へ＋帰る＋ない＋と

설명ㅣ帰らないと는 帰らないといけない(帰らないとならない)의 준말이다.

번역ㅣ나 이제 집에 돌아가야 돼!

4) 아래의 일본어 질문에 일본어로 대답합시다.

① 名の知らない子の家の庭には、何が咲き乱れていましたか。

....

② その中でも何が見事でしたか。

....

③ 縁側の日当たりに、誰が座っていましたか。

....

④ その少女は、どんな姿でしたか。

....

⑤ 三人は日当たりのよい縁側で、何をしましたか。

....

⑥ 奥の壁には、何がかかっていましたか。

....

⑦ それには、何がどのように描いてありましたか。

....

⑧ そのそばには、何がかかっていましたか。

....

5) 이하의 단어를 인터넷에서 검색합시다.

> **e** 葉鶏頭、シオン、薄紅色、コスモスの花、マンドリン

14.4 본문을 읽고 번역하세요. (05:23～06:58)

　そしてまた自転車の後ろに、/正吉君を乗せて/送ってくれました。「ぼく、君を呼びにゆくときは/スパイクを履いて行くから…」その夜のことでした。正吉君はふと目を覚ますと、/外のアスファルトの往来を/カチッカチッと/スパイクの鉄を石に打ちつける音がしました。

　「おお、/あの子が来た」その様子を/お姉さんが聞きつけて、「あ、/正ちゃん、/今時分/誰が来るものですか。気のせいですよ」「カチカチいうじゃないか。聞こえないの?」「本当だわ。見てみましょうか」二人は/窓を開けて外をのぞきました。すみ渡った月の光に照らされて、/さながら/水の中をみるような往来を/一人のスパイクを履いた子供がかけていました。「だあれ?」「正ちゃん、/ぼく」「勇ちゃん? どうしたの?」「ぼく、スパイク買ってもらったんだ」「まあ、/今時分/どうしたの?」「お父さんが帰っていらしたから、/お母さんに買ってきてもらったのだ」「じゃ、/ぼくもあした/買ってもらおう。ハッハハハハハ、ハッハハハハハ」

1) 단어의 의미를 익힙시다.

ふと 문득/打ちつける 부딪치다/聞きつける 듣고 알아차리다/すみ渡る 사방이
온통 맑다/照らす 비추다/さながら 마치, 흡사/かける 달리다/時分 때

2) 연어의 의미를 익힙시다.

スパイクを履く 스파이크를 신다/目を覚ます 눈을 뜨다/音がする 소리가 나다/
気のせい 기분 탓/外をのぞく 밖을 내다 보다/すみ渡った月 청명한 하늘에 뜬 달

3) 아래의 일본어 질문에 일본어로 대답합시다.

① 正吉君は夜中に、何の音を聞きましたか。

....

② アスファルトの上を、誰が走っていましたか。

....

③ この話を聞いて何を感じましたか。

....

▣ 본문 내용에 맞는 문장엔 ○를, 맞지 않는 문장에는 ✕를 표시하세요.

① 冷や冷やと、身に染みる風が吹いていました。原っぱの草は、ところどころ色づいて、昼間からかえるの鳴き声が聞かれたのです。

（　　　）

② 彼は勇ちゃんがスパイクを買ってもらったら、自分もお父さんに買ってもらう約束があるので、先も勇ちゃんとその話しをしていたのでした。

（　　　）

③ そこにも冷たい冬の風はあって、細くて長いひげのような草を揺らしていました。（　　　）

④ 草をかき分けてみると、濃紫の小さい美しい実が重なり合うようにしてなっていました。（　　　）

⑤ 知らない子は、竜のひげをポケットに入れて、それからボールを探してくれました。（　　　）

⑥ 正吉君は、知らない子の真っ白な自転車の後ろに乗って、肩につかまると、風を切って風のように自転車は走りました。（　　　）

⑦ いくつかのまだ見たことのない森や、まだ知らない道を通って、原っぱの中のある一軒の前に止まり、二人は入りました。（　　　）

⑧ 庭には葉鶏頭やシオンのような春草が咲き乱れていました。なかでも薄紅色のコスモスの花が見事でした。（　　　）

⑨ 縁側の日当たりに、八ばかりの少女が座って、兄さんの帰るのを待っていました。その子は病気と思われるほどやせていました。（　　　）

⑩ 正吉君はふと目を覚ますと、外のアスファルトの往来をカチッカチッと
スパイクの鉄を石に打ちつける音がしました。　　　　　（　　　）

웹 동영상으로 일본어 듣고 독해하기

초판 1쇄 인쇄 2018년 2월 7일
초판 1쇄 발행 2018년 2월 20일
저 자 천호재
펴낸이 이대현
편 집 홍혜정
표 지 홍성권
펴낸곳 도서출판 역락 | **등록** 제303-2002-000014호(등록일 1999년 4월 19일)
주 소 서울시 서초구 동광로 46길 6-6(문창빌딩 2F)
전 화 02-3409-2060(편집), 2058(영업)
팩 스 02-3409-2059
이메일 youkrack@hanmail.net

ISBN 979-11-6244-133-6 03730

이 도서의 국립중앙도서관 출판예정도서목록(CIP)은 서지정보유통지원시스템 홈페이지(http://seoji.nl.go.kr)와
국가자료공동목록시스템(http://www.nl.go.kr/kolisnet)에서 이용하실 수 있습니다.(CIP제어번호: CIP2018004253)